GENIE LA

INFLUENCER AVEC INTÉGRITÉ

Traduit de l'américain par Anne Terrier

InterÉditions

L'édition originale de cet ouvrage a été publiée aux États-Unis par Syntony Publishing, Palo Alto, Californie, sous le titre *Influencing with Integrity*. © 1983 by Genie Z. Laborde.

Cinquième tirage, 1991

© **1987, InterÉditions,** Paris
Tous droits réservés. Aucun extrait de ce livre ne peut être reproduit, sous quelque forme ou par quelque procédé que ce soit (machine électronique, mécanique, à photocopier, à enregistrer ou toute autre) sans l'autorisation écrite préalable de l'Éditeur.

ISBN 2-7296-0170-3

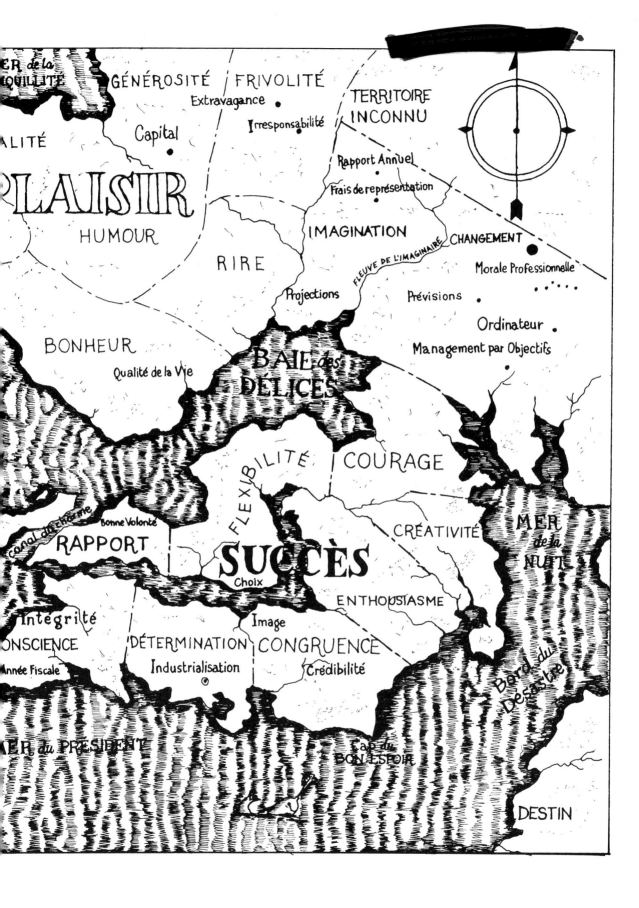

Ce livre est dédié à mon mari, George, et à mes enfants : Tracy, Cliffe, Gary, Peter, Adrienne et Kathryn, qui m'ont chacun appris de nouvelles façons de communiquer et de négocier.

Table des matières

Avant-propos 11

Préface 13

Introduction 15

1 Objectifs 19
Viser un résultat précis 20
Etre positif et Voir/entendre/ressentir 22
Des désirs adaptés 33
Concevoir des objectifs à court et à long terme 35

2 Le rapport 39
La synchronisation sur le ton ou le rythme de la voix 42
La synchronisation sur la respiration 43
La synchronisation sur les rythmes d'un geste 44
La synchronisation sur les attitudes corporelles 46

3 Perception + Pensée ⇒ Communication 55
Les portes de la perception 61
Les systèmes de représentation 63
　Les processus de la pensée consciente 65
Systèmes de représentation et mouvements oculaires 68
　Les visuels 69
　Les auditifs 71

Les kinesthésiques	72
Les cérébraux	72
Le contexte	73
Se synchroniser sur les systèmes de représentation	74

4   L'acuité sensorielle — 81

Les réactions visibles inconscientes	84
Les modifications de la couleur de la peau	85
Les infimes modifications des muscles	86
Les modifications de la lèvre inférieure	86
Les modifications de la respiration	87
Les bénéfices de l'acuité sensorielle	92

5   La main aux cinq pointeurs — 95

Apprendre par la méthode syntonique	97
Pointeur n° 1 : Les noms	98
Première étape : Identification	98
Deuxième étape : Réponse	98
Troisième étape : Identification-réponse	100
Pointeur n° 2 : Les verbes	103
Pointeur n° 3 : Les obligations	104
Pointeur n° 4 : Les généralisations	107
Pointeur n° 5 : Les comparatifs	111

6   Techniques de réunion — 117

PEGASUS	117
Présenter les objectifs	122
Expliquer la tâche	122
Gagner les participants aux objectifs	123
Activer l'acuité sensorielle	124
Synthétiser chaque décision importante	125
Utiliser la chasse aux digressions	126
Synthétiser l'étape suivante	127
Comment prendre le leadership d'une réunion	128

7   La flexibilité — 133

Le sens est dans la réaction comportementale	135
La simplicité de la flexibilité	137
Inconvénients de la flexibilité	140
Avantages de la flexibitité	140

8 Techniques de vente syntoniques — 145
Etat de ressource et ancrage — 146
CASTORS — 149
    Clarifier les objectifs à l'aide des pointeurs — 149
    Accroître le pouvoir de l'imagination sensorielle de l'acheteur — 150
    Si...on jouait à Comme Si en faisant des prévisions — 150
    Trouver un accord conditionnel — 152
    Objectifs adaptés — 153
    Rapport — 154
    Savoir résumer la visite et annoncer la prochaine étape — 154

9 La négociation — 157
Changer la réalité — 162
    Procéder par généralisation/réduction — 162
    Echelle des valeurs et des critères — 165
    Un autre objectif — 174
    Conséquences négatives — 177
    Inventer une métaphore — 177
    Donner un contre-exemple — 180
    Redéfinir l'objectif — 181
    Effet, cause à effet — 182
    Se mettre à la place de l'autre — 183
    Trouver des équivalents — 184
    La motivation — 184
    Le temps — 185
    Votre modèle de la réalité — 186

10 Congruence — 189

Conclusion — 197

Glossaire — 205

Bibliographie — 211

Remerciements — 219

Index — 221

Avant-propos

Il y a à peine plus d'une décennie, Richard Bandler et moi-même avons entrepris de créer un ensemble d'outils susceptible de servir à toute personne désireuse de rechercher et attraper cette proie insaisissable que l'on nomme l'excellence humaine. Beaucoup de choses se sont produites depuis lors. Nous avons développé une série de modèles de l'excellence humaine en mettant l'accent sur les schémas de communication. Nous avons trouvé des moyens pour identifier et codifier les compétences spécifiques grâce auxquelles les meilleurs communicateurs atteignent leurs objectifs, dans des domaines aussi variés que la médecine ou les affaires.

Ces modèles sont le résultat de la technique de Programmation Neuro-Linguistique (PNL), et non la PNL elle-même. Le processus de la PNL crée les modèles. Au cours de cette décennie nous avons enseigné à plus de cinq mille personnes l'utilisation de ces modèles de l'excellence. Nos formateurs en ont probablement formé cinq mille autres. Parmi ces milliers de personnes, j'en ai choisi moins de dix pour travailler avec moi, en tant que collaborateurs. Genie Laborde est une de mes collaboratrices.

Sans aucun doute, elle fait partie de ceux qui présentent avec le plus de compétence, de clarté et de succès les modèles qui ont été développés par le processus de la PNL. Elle utilise un ensemble de métaphores puissant et exceptionnel dans ses consultations, ses formations, et ici, dans le livre que vous avez en main. Je reconnais en grande partie les thèmes qu'elle présente ici, et pourtant je reconnais également cette tournure d'esprit et ce style qui n'appartiennent qu'à Genie.

Je ne peux, bien sûr, affirmer que son livre vous sera profitable. Je ne peux que confesser l'intérêt et le plaisir que j'éprouve devant les interprétations exceptionnelles qu'elle offre à ses lecteurs. Je vous encourage à aborder son œuvre avec l'esprit d'aventure, comme je l'ai fait, et à utiliser l'information qu'elle présente ici.

Dans une récente interview, deux journalistes qui préparaient un article pour *Science Digest* m'accusèrent de ne pas surveiller l'utilisation qui était faite de la PNL. Je leur proposai la métaphore suivante. Je suis l'aîné de neuf enfants et j'ai moi-même des enfants. Quand un homme et une femme décident d'avoir un enfant, ils sont pleins d'espoirs et de rêves concernant la beauté, la sensibilité et l'intelligence de leur futur enfant. Ces rêves fournissent aux parents les principes qui les guideront pour soutenir et favoriser certains comportements de leur nourrisson, enfant, puis jeune adulte. Le parent sage découvre bientôt les limites de l'influence qu'il peut et doit exercer sur sa progéniture, et apprend ainsi à apprécier les qualités uniques de l'être humain parvenu à maturité qu'il a contribué à faire grandir.

Etant donné que cinquante-cinq mille personnes ont été formées, à des degrés divers, je ne peux pas toutes les contrôler. Je suis d'accord avec les journalistes sur le fait que ces techniques peuvent être utilisées à des fins de manipulation. Je suis heureux qu'un de mes collègues ait entrepris un travail de différentiation entre manipulation et influence. Je recommande à chacune de ces cinquante-cinq mille personnes de lire ce livre et de le prêter ensuite à un ami.

JOHN GRINDER
Eté 1983

Préface

Si je pouvais vous enseigner en quelques pages tout ce que contient ce livre, nous pourrions avancer jusqu'au prochain niveau de communication. C'est un niveau auquel il est gratifiant de communiquer, et peu de gens sont arrivés jusque-là. L'une des raisons pour lesquelles j'ai écrit ce livre est qu'il me paraît souhaitable d'augmenter le nombre de communicateurs efficaces.

Si vous connaissiez déjà ce que contiennent les chapitres 3 et 8, vous comprendriez plus profondément et plus rapidement le chapitre 1, et vous seriez plus apte à acquérir les compétences qui y sont expliquées. La compréhension et la compétence s'appuient l'une sur l'autre ; lorsque l'une s'accroît, l'autre fait de même. Cela prend du temps.

Du fait que les mots sont utilisés de façon séquentielle et que nous sommes volontiers sceptiques quand on nous présente de nouveaux schémas de comportement, vous pouvez être tenté de me rejeter sous prétexte que je ne suis qu'une excentrique venue de Californie, une de plus. Mais si vous pouvez mettre votre scepticisme au placard le temps de tester les postulats et techniques dont je parle, nous pouvons fort bien avancer. Je veux bien courir le risque d'être traitée d'excentrique car j'ai bon espoir que ces techniques d'influence trouveront leur place dans votre répertoire peu de temps après que vous les aurez lues.

Venons-en maintenant à la différence entre influence et manipulation. La distinction est simple. Une fois que vous savez comment clarifier vos propres désirs (ou *objectifs*, au sens défini au chapitre 1), vous pouvez utiliser les mêmes techniques pour clarifier les objectifs de toute autre personne impliquée dans la communication. Atteindre à la fois votre objectif et celui de l'autre est ce que j'appelle influencer avec intégrité.

Atteindre votre propre objectif aux dépens de l'autre personne, ou même sans considération pour elle, constitue une manipulation. Ce qui rend cette manipulation volontaire si effrayante est que ceux qui possèdent ces compétences acquièrent tant de pouvoir personnel qu'ils sont capables de dominer et de fourvoyer les autres jusqu'à en devenir malfaisants. Je ne peux pas empêcher le mal. Il existe chez ces gens-là, c'est un choix qu'ils ont fait. Il n'existe pas dans les techniques élaborées ici.

Je conseille d'influencer plutôt que de manipuler.

Introduction

Après avoir observé et écouté ceux qui possèdent apparemment un talent naturel pour communiquer efficacement, les experts sont arrivés à la conclusion que leur force ne vient pas de ce qu'ils disent, mais de la façon dont ils le disent. La plupart des grands communicateurs ont en commun certaines techniques d'influence. Ce livre en présente quelques-unes, utiles dans 95 % des situations de communication auxquelles vous êtes confronté.

Bien que l'accent soit mis ici sur la communication dans le domaine professionnel, ces techniques sont utiles dans toute situation d'interaction. La connaissance et la pratique de ces techniques conduisent à de meilleurs choix, à de meilleures décisions, et même à de meilleurs processus de pensée.

En dépit de son importance, la communication n'est guère un sujet de réflexion pour la plupart d'entre nous. Parler (qui n'est jamais que l'une des nombreuses façons de communiquer), c'est comme respirer. Nous l'avons toujours fait, d'aussi loin que remontent nos souvenirs, et de toute évidence sans savoir comment. Parler est parfois plus facile à certains moments qu'à d'autres, mais les premiers mots arrivent, se transforment en phrases, et la parole se produit. Nous avons parfois l'impression que nous pourrions mieux communiquer, mais par où commencer ?

La communication efficace commence par la reconnaissance du fait que chacun de nous est unique et différent des autres. Parfois nous semblons ne pas parler le même langage, et pourtant nous utilisons les mêmes mots. De bonnes techniques de communication comblent ces différences, et sont de ce fait des techniques d'influence : elles augmentent la compréhension et améliorent la qualité des buts de chaque individu dans le processus de communication. Les hommes d'affaires réunis en séminaires à travers les Etats-Unis et partout en Europe apprennent ces techniques d'influence. Résultat d'une fusion entre la psychologie et la linguistique, cet ensemble de techniques fut d'abord appelé psycho-linguistique. A partir de là fut développé le modèle de la Programmation Neuro-Linguistique (PNL), à l'origine plus particulièrement destiné à la psychothérapie. Nous en arrivons maintenant au modèle de la Syntonie, nouvelle science conçue spécialement dans le but d'analyser et de produire l'excellence dans le domaine de la communication. Le mot *syntonie* signifie « être en harmonie avec soi et avec les autres », ce qui est un but digne de l'utilisation de ces techniques puissantes.

Il s'agit, dans le modèle de la Syntonie, d'étudier *comment* se déroule la communication, et non sur *quoi* elle porte. Ce modèle traite du processus, non du contenu. Il structure le processus de communication, dont les éléments sont passablement enchevêtrés, en étapes distinctes d'information aisément compréhensible. La connaissance de ces étapes vous permet d'établir de bonnes relations avec les autres.

- La première étape vers la maîtrise de la communication est de savoir ce que vous voulez. Pour beaucoup de gens, c'est l'étape la plus difficile. Une fois que vous savez quel objectif (voir chapitre 1) vous désirez atteindre, vous avez besoin de trois techniques pour y parvenir.

- La première est l'acuité sensorielle. Il vous faut voir et entendre plus de choses que la plupart des gens. Cela s'apprend. Vous serez probablement surpris des techniques sensorielles qu'il est possible d'apprendre simplement en utilisant ce livre.

- La seconde est la flexibilité. Si vous n'obtenez pas la réponse espérée à ce que vous venez de dire, vous devez pouvoir changr de comportement jusqu'à ce que vous obteniez la bonne réponse.

- La troisième est la congruence. Toutes les facettes qui composent votre personnalité (la part de vous-même qui dirige, celle qui se laisse entraîner, celle qui a de l'ambition, celle qui fuit) doivent être orientées vers le même but. La coordination de vos différentes parties produira la congruence en communication.

Vous avez déjà les compétences nécessaires pour commencer. Certains d'entre vous les ont développées plus que d'autres, peu importe d'ailleurs jusqu'à quel niveau de communication ; ces pages vous permettront de faire le point. Ce livre est destiné à vous aider à obtenir ce que vous voulez en utilisant, consciemment aussi bien qu'inconsciemment, vos aptitudes innées.

Communiquer efficacement, c'est comme voyager. D'abord, vous choisissez votre destination. Puis vous examinez la question de savoir comment vous y rendre, et avec qui. Vous pourriez voyager en avion, en voiture, à vélo ou à pied. Supposons que vous décidiez de partir en voiture. Il vous faut alors déterminer l'itinéraire qui vous plaît le plus. Tout en roulant, il vous faut identifier les points de repère qui vous indiqueront si vous êtes sur la bonne route. Si vos compagnons de voyage ont une autre destination que la vôtre, vous devez pouvoir reconnaître l'endroit où vos routes se séparent. Ensuite, une fois arrivé à destination, il faut que vous ayez des moyens précis vous permettant d'être sûr que vous êtes au bon endroit, et que vous avez accompli tout ce que vous vouliez.

Ainsi, de la même façon qu'on ne commence à voyager qu'après avoir décidé de sa destination, le processus de communication efficace commence avec la connaissance du résultat désiré. En termes syntoniques, nous appelons cela un objectif.

1
Objectifs

Communiquer sans objectif, c'est comme voyager sans destination. Il se peut que vous arriviez à un endroit qui vous plaise vraiment, mais rien ne vous le garantit. Prendre plaisir à voyager est un objectif parfaitement valable ; parvenir à la destination que vous vous êtes fixée est tout aussi profitable.

Un *objectif* est le résultat, défini en termes sensoriels, que vous voulez obtenir : les choses que vous aimeriez *voir* se produire, ce que vous voulez *ressentir,* ce que vous voulez *entendre* au moment où vous atteignez votre objectif. La plupart des hommes d'affaires se fixent des buts car ils connaissent le management par objectifs. L'*objectif* dont nous parlons n'appartient pas à la même catégorie ; il faut le prendre dans un sens plus restreint. Un *objectif* est ce qui reste d'un but après que celui-ci a été éclairci, soigneusement élagué en fonction des cinq étapes suivantes. En d'autres termes, les buts sont semblables à des crayons neufs à peine déballés, tandis que les *objectifs* sont des crayons bien taillés et prêts à servir vos desseins. Les cinq étapes ci-dessous font office de taille-crayon.

A. Viser un résultat précis
B. Etre positif
C. Voir/entendre/sentir : recueillir des informations sensorielles
D. Adapter ses désirs à ceux de son interlocuteur
E. Concevoir des objectifs à court et long terme

Ceci est l'« ABC des objectifs ». Une fois que vous aurez compris et franchi ces étapes, vous serez en mesure de déterminer votre objectif. Souvenez-vous de ces cinq étapes, quitte à les apprendre par cœur.

VISER UN RÉSULTAT PRÉCIS

Préciser un objectif, ou une série d'objectifs, est la première étape. Etre précis vous conduit à exprimer votre objectif en termes sensoriels : les images, les sons, les sensations que vous voulez éprouver. Votre attention se concentre simultanément sur les ressources externes et internes qui peuvent vous aider à atteindre votre objectif.

Préciser un objectif peut modifier instantanément ce que vous voyez, entendez, ressentez. Etant donné qu'il est impossible de capter volontairement tout ce qui nous entoure, nous sélectionnons certaines choses et c'est à celles-ci que nous prêtons attention. C'est principalement en fonction de notre objectif du moment que nous sélectionnons les stimuli externes et internes dignes de notre attention.

Essayez cet exercice : regardez toutes les couleurs qui vous entourent. Nommez-en cinq. Ensuite, écoutez les bruits. Nommez-en trois. Maintenant, essayez de ressentir ce qui se passe dans votre estomac. Nommez ces sensations.

En faisant cela, vous contrôlez le processus de sélection. Un objectif conscient établit le même genre de contrôle sur le processus de sélection. Cette sélection, à son tour, a un impact significatif sur votre processus de pensée : ce que vous pensez est constitué des images, des mots, des sensations que vous avez sélectionnés. Pour vous aider, vous prendrez en compte les éléments disponibles dans votre environnement immédiat et parmi vos expériences passées. Vous pouvez sélectionner des perceptions venues du monde extérieur ou de votre monde intérieur, de vos expériences présentes ou passées, mais vous ne pouvez penser à partir de rien. Vos pensées seront intimement liées à vos perceptions.

Et si vous avez eu des expériences qui peuvent vous aider à atteindre votre objectif conscient, mettez-les à l'œuvre : elles constituent une ressource.

Ces mécanismes de la perception et de la pensée sont complexes. Si nous nous y arrêtons, nous remarquons que :

- Nous prêtons attention à ce qui est utile à notre objectif.
- Nous nous souvenons de ce qui est utile à notre objectif.

NOUS SÉLECTIONNONS CE QUE NOUS VOYONS ENTENDONS SENTONS

Nous sélectionnons dans la confusion qui nous entoure certaines images, certains sons, certaines sensations.

- Notre objectif détermine la sélection que nous opérons sur nos perceptions.
- Nos pensées et nos perceptions peuvent nous aider à atteindre notre objectif.

A la différence des objectifs, les buts peuvent être tout à fait vagues. Directeurs et comptables hochent la tête d'un air approbateur quand on leur parle, par exemple, de buts tels que « accroître la productivité » ou « résultats performants ». Pourtant, aucun de ces termes n'est assez précis pour constituer un objectif. « Un chiffre d'affaires dépassant de 400.000 dollars celui de l'exercice précédent, sans équipement ni personnel supplémentaire » est déjà plus précis, mais ce n'est toujours pas un objectif. Etre précis n'est jamais que l'étape numéro un.

ÊTRE POSITIF ET VOIR/ENTENDRE/RESSENTIR : RECUEILLIR DES INFORMATIONS SENSORIELLES

Ces deux étapes doivent être abordées ensemble, car elles sont aussi entrelacées que les neurones du cortex cérébral. En fait, elles nous aident à obtenir ce que nous voulons en utilisant le même traitement de l'information que celui mis en œuvre par notre cerveau.

Nous remarquons ce qui est utile à notre objectif.

Nous nous souvenons de ce qui est utile à notre objectif en fonction de nos expériences passées.

Pour l'instant, l'essentiel est de savoir que nos objectifs déterminent la sélection de nos perceptions.

Avec ces étapes, simples en apparence, une percée importante a été faite dans l'étude de la communication : elles sont le résultat des travaux complexes d'Alfred Korzybski et de Noam Chomsky sur le langage et le processus mental, et des apports psycho-linguistiques de Fritz Perls, Milton H. Erickson, Richard Bandler et John Grinder.

Avant tout il est important de comprendre que les objectifs sont basés sur des expériences sensorielles. Cela signifie qu'un objectif est énoncé dans des termes décrivant ce que l'on voit, ce que l'on entend, ce que l'on ressent. (Dans ce livre, nous considérons généralement que le goût et l'odorat appartiennent à la catégorie d'expérience des sensations corporelles ou *kinesthésiques*.)

Par définition, ces descriptions visuelles/auditives/kinesthésiques sont positives, en ce sens qu'elles décrivent ce que vous désirez ressentir plutôt que ce dont vous ne voulez pas. Par exemple, « ne pas être pauvre » est négatif, alors que « être riche » est positif.

Une fois votre objectif énoncé en termes positifs, demandez-vous :« Que verrai-je quand j'aurai atteint mon objectif ? Qu'entendrai-je ? Que ressentirai-je ? » Si nous reprenons l'objectif de devenir riche, nous avons plusieurs réponses possibles :

Voir	Entendre	Ressentir
100.000$ en billets verts craquants	Le craquement des billets	Une joyeuse excitation
Une piscine	Les félicitations de mes amis	Comme des bulles de champagne
Une nouvelle voiture	Une musique de Mozart	Planer
Mon nom en lettres lumineuses	Cris et applaudissements	Envie de sourire

Le mot « riche » a d'innombrables sens. Eliza Doolittle voulait une chambre, n'importe où, et un fauteuil. Certains d'entre nous ne se sentiraient riches qu'avec des millions de dollars, mais pour Eliza être riche signifiait posséder un fauteuil. Si vous savez quel sens a pour vous le mot riche, vous pouvez découvrir ce qui à vos yeux a de l'importance, et commencer à diriger votre attention et votre comportement vers les moyens nécessaires pour atteindre votre objectif. S'il s'agit d'argent, alors vous pouvez vous concentrer sur la façon d'en obtenir. Peut-être constaterez-vous avec surprise que ce n'est pas d'argent dont vous avez besoin pour voir, entendre, ressentir les choses que vous désirez ; peut-être avez-vous seulement besoin de mieux communiquer.

A cette fin, vous devez pouvoir faire la différence entre les mots *connotés*, abstraits, et les mots *dénotés*, concrets. Les mots abstraits ne sont pas précis. Quand différentes personnes définissent le mot « riche » en termes sensoriels — voir/entendre/ressentir —, les réponses varient considérablement de l'une à l'autre. La liberté, la productivité, le bonheur, sont aussi des mots connotés, faiblement qualifiants. Tout homme politique adore ce genre de mots, car ils sont si généraux que le public peut partager son opinion, quel que soit le contenu de son discours. Chaque auditeur détermine lui-même, de façon subjective, le sens des mots abstraits. Aussi les mots connotés sont-ils utiles lorsque l'orateur, s'adressant à de nombreuses personnes, cherche à recueillir leur adhésion.

Les mots concrets sont beaucoup plus précis. « Banane » évoque un fruit particulier. Votre banane sera éventuellement verte et la mienne jaune, mais vous et moi tomberons d'accord sans trop de mal sur ce à quoi « banane » fait référence. Du fait que nos significations respectives de ce mot coïncident, « banane » est un mot dénoté.

Les mots connotés ont plusieurs sens, tandis que les mots dénotés ont été dépouillés jusqu'à l'essentiel. Les mots

Les politiciens adorent les mots connotés.

Pour accomplir des tâches ou prendre des décisions, utilisez des mots dénotés.

est un mot connoté, abstrait.

est un mot dénoté, concret.

OBJECTIFS

La sélection de nos perceptions est déterminée par notre objectif.

connotés sont utilisés pour recueillir l'adhésion, les mots dénotés pour obtenir des éclaircissements et donner des instructions. Lorsque votre objectif comporte des tâches à accomplir et des décisions à prendre, vous avez besoin de mots dénotés. Pour découvrir votre objectif personnel, vous avez besoin de mots dénotés, concrets. Telle est la finalité des informations sensorielles : éliminer de votre objectif toute connotation non maîtrisée, toute évocation superflue, jusqu'à arriver au cœur de ce qu'il signifie réellement pour vous.

L'exemple qui suit illustre la façon dont cette information, lorsqu'elle est combinée avec l'ABC des objectifs, peut rendre service. Vous trouverez peut-être cette histoire trop simple, incroyable, voire magique. Mais elle s'est réellement déroulée ainsi. (Certains des termes apparaissant en marge du texte seront expliqués plus loin.)

Processus de communication

J'étais consultante auprès d'un constructeur d'ordinateurs, quand le directeur général me demanda de bien vouloir parler à l'un de ses ingénieurs. L'ingénieur en question semblait avoir des difficultés à cerner ses objectifs professionnels. « C'est un bon élément, dit le directeur général, mais il est trop dur envers lui-même. »

Dans un bureau situé à l'angle d'un couloir, j'aperçus un homme grand, aux épaules voûtées. Il avait le torse affaissé et les commissures des lèvres tombantes. Il se présenta : « Je suis Jim Banks », et me désigna une chaise. Il rapprocha sa propre chaise et s'assit face à moi, devant son bureau. Il était bien habillé, mais visiblement déprimé.

En regardant la grande pièce dans laquelle nous nous trouvions, il me sembla que les nombreuses couleurs vives qui égayaient tout cet immeuble avaient disparu. Le soleil s'était-il caché derrière un nuage ?

Jim se mit à parler tout de suite : il attendait de moi que je lui enseigne comment ne plus être lui-même son propre obstacle. Je demandai quelques éclaircissements, n'étant pas sûre de ce qu'il entendait par « être son propre obstacle ».

Le sens que chacun donne aux mots

« Je veux cesser de me saboter. » Il regarda par la baie vitrée, apparemment sans voir le jardin printanier, le chêne, ni le ciel bleu.

« D'accord, répondis-je, et qu'obtiendrez-vous de plus quand vous cesserez de vous saboter ?

— Je cesserai de me sentir déçu, en colère et contrarié.

— Si je comprends bien, vous vous sentez actuellement

déçu, en colère, contrarié. Au lieu de cela, qu'aimeriez-vous ressentir ? » Les fleurs dans le jardin avaient toujours des couleurs éblouissantes. La grisaille n'existait que dans ce bureau.

Il s'ensuivit un long silence embarrassant. Embarrassant pour lui, pas pour moi. J'étais fascinée par le fait qu'il lui avait été si facile de trouver des buts négatifs, mais qu'il était impuissant à en découvrir de positifs. Comment cela était-il possible ? Il avait le regard du solitaire habitué à de longues heures d'introspection, à la recherche d'un sens ; et cependant....

« Je crois que je ne sais pas ce que je veux. » Il avait raison. « Je suis très anxieux à propos de la façon dont je perds mon temps, dont j'entame des projets qui s'envolent en fumée. Il semble que je ne sois pas capable d'achever quoi que ce soit. Ni dans mon travail, ni dans ma vie privée. Je démarre bien, puis je m'enlise. Mon patron est irrité. Mon amie songe à me quitter. Je veux être capable de mener quelque chose jusqu'à son terme.

Viser un objectif précis

— Parfait. Et maintenant, que souhaitez-vous tout particulièrement achever ?

— Oh, n'importe lequel des dix projets en cours.

— Voudriez-vous me parler de l'un d'eux ?

Incongruence dans le ton et le rythme de la voix

— D'accord. Il y a un projet, (il tourna la tête vers une armoire), que je pourrais finir avec un tout petit peu plus de travail. Il est pratiquement terminé. Encore quatre heures. » Sa voix faiblit.

Etre positif

« Voulez-vous vraiment achever ce projet ?

— Non.

— Que voudriez-vous achever ? » La douce lumière de printemps était opaque. Mes épaules commençaient à se voûter, comme les siennes. Je me redressai lentement.

« Je déteste terminer un projet, car à ce moment-là je suis sûr de n'avoir pas donné le meilleur de moi-même ; mais une fois que le projet est terminé, je ne peux plus rien y ajouter.

Etre positif

— Je comprends bien ce que vous détestez. Qu'aimeriez-vous ? Avant de répondre, voulez-vous respirer profondément ? »

Respirer

Il parut surpris, mais obtempéra, puis répondit : « J'aimerais mieux apprécier mon travail.

— Vous êtes-vous déjà senti satisfait d'avoir achevé un projet ?

— Pas depuis fort longtemps. Pas depuis mes dix-sept ans — ou peut-être dix-huit. J'en ai trente-huit. Cela fait de longues années de déceptions à cause de mes médiocres performances.

— C'est vrai. »

Il y eut un silence.

« Aimeriez-vous vous sentir satisfait de votre propre compétence ? demandai-je.

— Comment le pourrais-je ? Si je ne me sens pas compétent, c'est que je ne suis pas compétent. Je ne veux pas ressentir quelque chose qui ne serait pas vrai.

— Je suis là (je regardai ma montre) depuis un certain temps, et votre objectif reste encore à trouver. Que voulez-vous ? »

L'impatience commençait à le gagner.

« Je vous l'ai dit : je veux cesser d'être perpétuellement anxieux et déçu.

— Et si vous n'étiez pas anxieux et déçu, comment vous sentiriez-vous ? »

Un autre long silence.

Finalement, je demandai : « Satisfait ? »

Il réfléchit un instant, puis hocha imperceptiblement la tête et dit : « Oui, satisfait. Je n'ai pas besoin d'être extraordinairement compétent. Juste satisfait de mes capacités. »

Me redressant à nouveau, je respirai profondément. Nous tenions enfin un objectif, et non un but. Les objectifs sont énoncés en termes positifs, ils sont précis, ils sont décrits en termes d'informations sensorielles (voir/entendre/ressentir). Il restait à Jim à se remémorer l'une des fois où il avait atteint un véritable objectif, et ce qu'il avait alors vu, entendu et ressenti.

« O.K. Maintenant, nous pouvons aller plus loin. Vous êtes-vous déjà senti satisfait de vos capacités ? »

Il parut nettement plus jeune et plutôt embarrassé lorsqu'il demanda : « Est-ce qu'il doit s'agir d'un événement récent ?

— Non, c'est sans importance.

— Très bien. A l'âge de dix-sept ans, j'ai gagné un prix pour un projet que j'avais fait. » Sa physionomie changea si rapidement que je fermai à demi les paupières, essayant de saisir cette métamorphose.

« Magnifique. Pouvez-vous vous remémorer ce sentiment de satisfaction, éventuellement en l'amplifiant de

Etat de ressource

Un état de ressource est votre meilleure condition émotionnelle et physique, dans laquelle les ressources que vous avez rassemblées durant votre vie vous sont facilement accessibles.

Etre positif

Respirer

Sentir ? (Comme dans voir/entendre/ressentir)

façon à pouvoir réellement le ressentir ? » Son visage se détendit, se mit à rosir, le frémissement de ses narines s'apaisa ; l'informaticien assis en face de moi était désormais tout autre. Il éprouvait la satisfaction d'avoir accompli un projet, vingt ans auparavant.

Voir ?

« Qu'avez-vous vu quand vous avez pris conscience que vous étiez satisfait de votre propre travail ? demandai-je.

— Le prix. J'étais dans ma chambre, seul, et je ne faisais que le regarder. C'était une plaque. Je l'ai posée sur ma commode, en appui sur le mur.

Entendre ?

— Qu'avez-vous entendu ?

— Je me suis entendu dire : c'était plutôt un bon projet. » En disant ces mots, une trace de l'ancienne expression de satisfaction traversa son visage.

« Pourriez-vous vous dire cela maintenant ?

— Pardon ?

— Seriez-vous disposé à vous dire à vous-même : c'était plutôt un bon projet ? »

Au moment où je terminai ma question, je pus voir qu'il venait d'effectuer de lui-même ce que je suggérais. L'expression de satisfaction traversa de nouveau son visage.

Etat de ressource

Il dit d'un ton bourru : « C'est idiot. C'était il y a vingt ans.

— Idiot, oui, peut-être. D'un autre côté, comment vous sentez-vous maintenant ? »

Les substances chimiques du cerveau peuvent rendre disponibles des ressources basées sur une expérience passée. Pour apprendre à générer ces substances, voir le chapitre 8.

Une pause.

« Je me sens vraiment bien....mais est-ce que ça va durer ?

— Je ne sais pas, mais vous allez visiblement mieux. Je me demande si — à supposer que vous en ressentiez le besoin — vous seriez disposé à voir de nouveau, en imagination, cette plaque posée sur la commode, et à vous dire une fois encore "C'est plutôt un bon projet" ? *Etat de ressource / Voir/entendre*

— C'est tout ce que j'ai à faire pour me sentir satisfait ? Cela me paraît assez bête.

— Pas plus bête que de souffrir depuis vingt ans de déception, d'anxiété et de dévalorisation de vous-même. »

Il rit. « Vous avez raison. » Il fit une pause pendant qu'il essayait à nouveau la phrase. Je pus voir changer son visage lorsqu'il se dit : « C'est plutôt un bon projet. » D'une voix incrédule, il dit : « Ça marche. Pourquoi cela ? *Entendre*

— Eh bien, je connais quelques-unes des raisons, mais pas toutes. Notre cerveau est constitué de connections entre des neurones et des dendrites dont le fonctionnement est assuré par des réactions chimiques. Les pensées activent certaines substances chimiques. Vous venez d'activer une série de schémas mentaux associés à la satisfaction, faits de substances chimiques et connus de votre cerveau ; mais vous ne les aviez pas utilisés depuis longtemps.

— Serai-je capable de terminer mes projets maintenant ? » Sa voix semblait celle d'un jeune homme de dix-sept ans, et il baissa le ton pour dire « maintenant ».

« Je ne sais pas. Vous vous voyez en train de passer quatre heures à terminer le projet dont vous me parliez tout à l'heure ? *Etat de ressource*

— Ça n'en prendrait que deux... Oui. » Sa voix était ferme et résolue.

Un mois plus tard, Jim avait terminé tous ses projets en cours et était occupé à en réaliser de nouveaux.

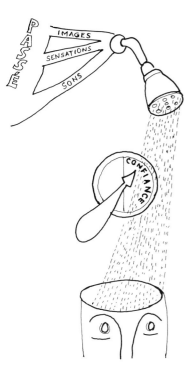

OBJECTIFS

Pour résumer ce que nous avons appris des objectifs : un objectif doit être énoncé en termes positifs. Cesser de faire quelque chose est plus un but qu'un objectif. Les buts sont difficiles. Les objectifs sont faciles. Se diriger vers ce que vous ne voulez pas est un traquenard. Se diriger vers ce que vous voulez est un objectif. Décidez de ce que vous voulez, puis demandez-vous :
- Que verrai-je quand j'atteindrai mon objectif ?
- Qu'entendrai-je ?
- Que ressentirai-je ?

Notez vos réponses. Essayez d'imaginer quatre choses à voir, quatre sons à entendre, quatre sensations à éprouver, une fois l'objectif atteint. Si vous ne trouvez pas au moins quatre réponses dans chaque catégorie, écrivez-en autant que vous pouvez.

Les techniques décrites dans ce livre vous aideront à préciser votre objectif quelle que soit la situation, à vous remémorer toutes les ressources dont vous avez besoin, et à atteindre votre objectif d'une façon qui vous surprendra peut-être. C'est ce qui est arrivé à Marianne. Lorsqu'elle vint me voir, son but était de gagner son procès en discrimination sexuelle ; elle repartit avec pour objectif la recherche d'un emploi deux fois mieux payé et trois fois plus satisfaisant que son précédent emploi.

L'avocat de Marianne lui avait suggéré de venir me voir avant d'engager un procès en discrimination sexuelle contre son entreprise de courtage. Elle avait probablement suffisamment de griefs pour le faire, mais l'avocat pensait qu'il lui serait plus profitable de trouver une autre solution à sa situation. Il disait que le but de Marianne était d'apprendre à aimer son travail.

Quand Marianne arriva dans mon bureau elle marchait lentement, la tête baissée, regardant vers le sol ou à droite. Ses yeux s'emplirent de larmes lorsqu'elle me raconta à quel point elle détestait son travail, et comment son patron s'adressait à elle comme si elle était idiote. Elle dit qu'elle avait un deuxième but : cesser de se sentir sous-estimée et humiliée. Elle était sous-payée et occupait un poste qui n'était pas à la hauteur de ses diplômes.

Je demandai : « Que voulez-vous ressentir au lieu de vous sentir incomprise et dévalorisée ? »

Son visage s'illumina immédiatement ; elle se redressa sur sa chaise, essuya ses larmes du dos de la main, et posa ses pieds fermement sur le sol. Elle respira, réfléchit, puis répondit :« Je possède un diplôme supérieur de commerce. Je veux me sentir compétente et responsable ; être une employée estimée capable de s'attaquer à des problèmes nécessitant des solutions créatives. »

Si j'avais été son patron à ce moment, j'aurais été prête à lui confier n'importe quel problème important. Dix minutes auparavant, son ressentiment, sa déception et son mécontentement me l'auraient aliénée. Elle était prise dans un cercle vicieux avec son patron : son ressentiment déclenchait les doutes de celui-ci à propos de sa compétence. Il pensait ne pas pouvoir lui faire confiance, aussi lui donnait-il de moins en moins de responsabilités, ce qui ne faisait qu'augmenter son ressentiment.

Après avoir énoncé son intention positive, Marianne

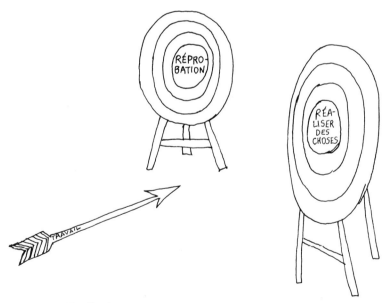

Quelle direction votre communication prend-elle ?

décida de démissionner de son poste, d'abondonner son idée de procès, et de trouver un emploi adapté à ses qualifications. Au bout d'un mois, c'était fait. Elle avait simplement eu besoin de découvrir son véritable objectif.

DES DÉSIRS ADAPTÉS

Pour l'instant, admettez cette idée : la seule façon d'atteindre son objectif est de s'assurer que toute autre personne impliquée dans la relation atteint également le sien. Cela peut paraître plus difficile que ça ne l'est en réalité. Une fois que l'on est familiarisé avec les questions permettant de recueillir des informations sensorielles, on peut découvrir l'objectif de quelqu'un d'autre en quelques minutes. Imaginez, par exemple, que votre assistante vienne vous annoncer que son travail ne la satisfait pas.

- Votre première question pourrait être : « Que verriez-vous si vous étiez satisfaite ? »
- La seconde : « Qu'entendriez-vous si vous étiez satisfaite ? »
- Si nécessaire, vous pourriez terminer par : « Comment vous sentiriez-vous si vous étiez satisfaite ? »

A court terme, vous pouvez écraser les autres. A long terme, vous le payez très cher.

L'information obtenue à partir de ces questions vous permettra peut-être d'adapter le travail pour qu'il corresponde aux critères de votre assistante, ou d'adapter ses critères en fonction du travail, ou de l'aider à trouver un autre travail. Une fois que vous connaissez son objectif, rien ne vous empêche de prendre du recul et d'étudier les moyens d'atteindre votre objectif en même temps que le sien. Cela s'appelle *accorder* ou *adapter ses objectifs*.

Manipuler est le contraire de s'adapter.

Adapter ses objectifs à ceux d'autrui, c'est garantir sa propre intégrité et prouver son respect de l'intégrité de l'autre. Bien qu'on ne puisse pas fixer les objectifs des autres, on peut souvent les aider à obtenir ce qu'ils veulent. Adapter ses objectifs est la façon la plus intelligente de procéder : elle vous assure les meilleures chances de réussite, car les autres personnes deviennent vos alliés, et non vos détracteurs. La plupart des gens vous aideront à atteindre votre objectif s'il peuvent atteindre le leur par la même occasion.

A l'inverse, manipuler c'est parler et agir sans considération pour les objectifs des autres. Marie-Antoinette a payé le prix fort pour ce genre d'attitude. Si vous négligez les objectifs de vos collègues, ils n'utiliseront pas la guillotine, mais vous saboteront sournoisement ou ouvertement, ou les deux.

LES QUATRE R

Ressentiment, Récrimination, Remords, Revanche. Les quatre dragons tapis dans l'ombre, prêts à sauter à la gorge de ceux qui manipulent. Tom Loarie, de l'American Heyer-Schulte, en donna un bon exemple après avoir appris ce qu'est l'adaptation des objectifs.

Il prononça un discours et conclut par cette phrase : « Les cadres qui réussissent en piétinant les autres, on les voit quelque temps, puis ils tombent dans l'anonymat. »

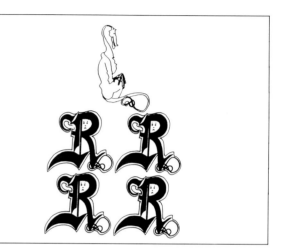

Un des mes premiers clients fut un homme d'affaires célèbre, un homme brusque qui avait fait son chemin dans le monde industriel. Gagner était son credo, et les subtilités des relations et de l'adaptation ne le concernaient pas. Il me raconta un jour une anecdote personnelle, espérant que je pourrais l'éclairer sur un événement qui, pour lui, n'avait pas de sens. Quelques mois auparavant, la meilleure secrétaire qu'il ait jamais eue avait brusquement démissionné. Pour essayer de la convaincre de rester, il l'invita à déjeuner, et lui fit tout un baratin avant d'utiliser l'argument final : « J'ai vraiment besoin de vous. » Soudain elle se pencha en avant et lança : « J'ai détesté chacun des jours où j'ai travaillé pour vous, et aujourd'hui est le plus beau jour de ma vie. » Là-dessus, elle se leva et partit.

Pendant des années, j'ignorai que lorsqu'on néglige d'adapter ses objectifs, on en subit les conséquences. Lorsque quelqu'un profitait de moi et essayait d'atteindre son objectif sans tenir compte du mien, je lui en voulais et souhaitais lui rendre la pareille. Mais je m'en tenais au ressentiment, puis oubliais l'incident. De plus, j'évitais dès lors toute relation avec cette personne.

Plus tard, je compris que je pouvais souvent marquer des points en exprimant mon point de vue sur la situation ou la

Si vous êtes authentique, vous recueillerez très exactement ce que vous avez semé.

personne. Mais le plus souvent, les mécanismes mentaux qui avaient conduit quelqu'un à me traiter avec désinvolture fournissaient l'occasion à un tiers de remédier à cette injustice. La vengeance n'a jamais été l'un de mes passe-temps favoris, mais je ne peux m'empêcher de remarquer que les gens n'ont parfois que ce qu'ils méritent.

Les gens trouvent parfois qu'il est difficile d'adapter ses objectifs à ceux des autres. Dans certains cas, il y a une autre solution : aller chacun de son côté. Si cela n'est pas possible, alors il faut dépenser du temps et de l'énergie à rechercher les moyens qui permettront de satisfaire les objectifs des deux personnes. Dès que l'on s'aperçoit que ses objectifs sont en conflit avec ceux de l'autre, il faut s'assurer que chacun les a décrits en termes sensoriels. Cela aide souvent les gens à trouver des voies créatives pour satisfaire les désirs de chacun.

Vous trouverez au chapitre 9 la description d'adaptations difficiles, qui impliquent d'autres techniques de communication.

CONCEVOIR DES OBJECTIFS À COURT ET À LONG TERME

Que voulez-vous maintenant ?
Que voulez-vous d'ici dix (ou vingt) ans ?

Ces questions permettent de se représenter ses objectifs à court et à long terme. Sauf si vous connaissez vos objectifs, votre attention se disperse dans tous les sens. La pensée emprunte le chemin des anciens programmes mentaux, qui à leur tour déterminent le comportement. D'un autre côté, les perceptions basées sur un objectif permettent à tout le processus de la pensée et du comportement de se focaliser immédiatement sur un point donné et de s'améliorer.

Les objectifs à long et à court terme semblent parfois être en conflit. Le 28 février, beaucoup d'entre nous préféreraient se reposer plutôt que d'avoir à remplir et poster leur déclaration d'impôts avant minuit. Quand « se reposer » est en conflit avec faire l'économie de la majoration de retard, nous sommes placés devant un choix. Les choix que nous faisons à chaque instant décident de notre futur.

Beaucoup d'entre nous se fixent des objectifs moins élevés que ceux qu'ils pourraient atteindre. Nous dépassons ensuite nos objectifs à court terme, réalisant plus de choses que ce que nous croyions possible. Mais si nous savons où nous voulons aller, nous dépasserons nos objectifs dans la bonne direction. Un jour, je me rendis au service formation d'une entreprise pour proposer un séminaire de communication de trois jours ; un programme sur vingt jours leur paraissait préférable. Je créai donc un séminaire de vingt jours, ce qui satisfaisait aussi l'un de mes objectifs à long terme.

Si vous vous apercevez que vous dépassez régulièrement vos objectifs, fixez-vous des objectifs à long terme très ambitieux, et voyez dans quelle mesure vos objectifs à court terme vous permettent de vous en approcher.

A ce stade de votre lecture, vous vous inquiétez peut-être de ce que votre comportement risque d'être trop orienté vers des buts, trop déterminé et agressif. J'approuve votre souci. Etre obnubilé par ses objectifs peut être acceptable dans certaines entreprises, mais il est inapproprié, voire critiquable, dans la plupart.

L'une des solutions pour parer à cela consiste à avoir un large éventail d'objectifs, et à choisir ceux qui sont appropriés à chaque situation au fur et à mesure qu'elles se présentent. Une autre solution serait de maintenir une acuité sensorielle normale, et d'observer les réactions des autres — le feedback-, de telle sorte que vous puissiez détecter vos comportements critiquables. (Les exercices proposés au chapitre 4 augmenteront votre acuité sensorielle et votre capacité à observer le feedback.) L'emploi, délicat, du feedback est essentiel pour atteindre ses objectifs. Etablir le rapport est tout aussi essentiel — ce qui nous amène au chapitre suivant.

L'idée force de ce chapitre : adapter vos objectifs à ceux des autres double vos chances de réussite.

Dessin de Saxon ;
© *1968, The New Yorker Magazine, Inc.*

2
Le rapport

Etablir le rapport, c'est établir avec un autre une relation d'harmonie, d'entente, d'accord ou d'affinité, ou encore : un bon contact. C'est dire l'importance du rapport dans la communication. Il s'agit en fait du processus le plus important dans toute interaction. (Vous pensiez que le rapport était un état, n'est-ce pas ? Eh bien, non. C'est un processus.)

Sans rapport, vous n'obtiendrez rien de ce que vous souhaitez : ni argent, ni promotion, ni amis. Il se peut même que vous ne puissiez obtenir qu'on vous tape une lettre correctement ; il vous faudra le faire vous-même. Le rapport possède bien des ressemblances avec l'argent : il a d'autant plus d'importance qu'on en manque, et quand on en a, la chance semble vous sourire.

A quoi reconnaît-on que le rapport est établi ? Cela dépend de chaque individu ; de plus, chacun possède différentes façons de s'en assurer. Personnellement, c'est à un certain degré de bien-être — un sentiment de compréhension mutuelle — que je le sais. Vous-même avez peut-être d'autres moyens de vous en rendre compte.

Si le rapport est établi, dirigez-vous vers votre objectif.

Sinon, vous pouvez être sûr que ni vous ni l'autre personne concernée n'atteindra son objectif.

Comment peut-on créer le rapport ? En réalité, vous l'avez fait maintes et maintes fois. Etablir le rapport semble être une tendance naturelle chez la plupart des gens quand ils se trouvent ensemble. Si ce n'est pas le cas, on peut utiliser certaines techniques pour créer volontairement le contact.

En premier lieu, vérifiez que vous avez confiance dans les capacités de l'autre personne à assumer sa tâche. Par exemple, dans le chapitre précédent, un manque de confiance était à l'origine d'une spirale de frustration entre Marianne et son patron. Celui-ci n'était pas forcément un phallocrate. Simplement, il n'avait pas confiance dans les capacités de Marianne. Le ressentiment de celle-ci renforçait sa méfiance. A chaque interaction, la spirale s'intensifiait. Si l'un d'eux avait su comment établir le rapport, la conclusion de cette affaire aurait pu être tout à fait différente.

Supposez que votre secrétaire ait retapé trois fois la même lettre en faisant à chaque fois des fautes. Que faire ? Là, il vous faut trouver l'objectif de la secrétaire. Essaye-t-elle de taper une lettre d'affaires, ou de vous rendre fou ? Fait-elle toujours autant de fautes ? Réagit-elle de façon hostile — elle sait ce que vous voulez, et fait exactement le contraire ? Avez-vous besoin d'un système de correction automatique sur la machine à écrire, ou d'une nouvelle employée dont les objectifs s'adapteront aux vôtres — et réciproquement ?

Vous pouvez poser de telles questions avec agressivité, ou simplement dans le but de recueillir plus d'informations. L'essentiel du rapport s'établit le plus souvent de façon non verbale. (Ces techniques sont expliquées plus loin.) Si vous faites preuve d'empathie ou de sympathie, vous pouvez mettre au jour des informations qui vous permettront d'établir un climat de confiance, et le rapport peut en découler. Vous pouvez découvrir, par exemple, que le petit ami de votre secrétaire l'a quittée la veille, et que son objectif est de survivre à cette journée pour pouvoir s'endormir enfin, épuisée par les pleurs. Ou bien que les touches de sa machine se collent les unes aux autres, auquel cas la machine a besoin d'une révision. Peut-être encore est-elle à la recherche d'un autre travail et veut-elle se faire licencier pour pouvoir prospecter à plein temps.

Les êtres humains, avec leurs objectifs changeants, sont une source perpétuelle de surprises ou de désastres — selon votre point de vue. En découvrant l'objectif de votre secré-

Quand le rapport est absent, il devient la priorité numéro un de la communication.

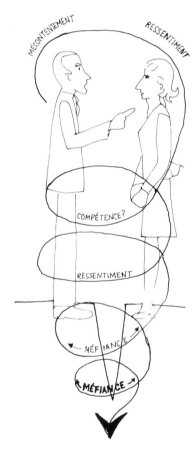

taire pour les trente minutes à venir, et en lui montrant le vôtre, vous pouvez obtenir un ensemble d'objectifs concordants. En vous concentrant sur les objectifs, et non sur les problèmes, vous pouvez également créer le contact, obtenir la confiance mutuelle — et quelques paragraphes correctement dactylographiés.

Aimer l'autre personne n'est pas une condition préalable au rapport. En revanche, la confiance mutuelle en vos capacités à assumer votre tâche en est une. Si la crédibilité ne peut être établie, envisagez de modifier la tâche en question.

Quatre-vingt quinze pour cent des situations que vous aurez à affronter sont traitées dans ce livre. Pour ces quatre-vingt quinze pour cent, vous pouvez établir le rapport de bien des façons. En fait, il y en a autant que d'individus. La plupart d'entre nous utilisons déjà un certain nombre de moyens qui fonctionnent généralement bien. Mais parfois ces moyens intuitifs ne marchent pas. Que faire alors ?

Il existe un processus remarquablement efficace pour obtenir le rapport, si la confiance mutuelle est déjà établie : *la synchronisation*. La synchronisation est le reflet (*mirroring*) de certains comportements de l'autre personne. Les quatre

Le rapport repose sur la confiance mutuelle dans la capacité de chacun à assumer sa tâche.

techniques de synchronisation sont : la synchronisation sur le ton ou le rythme de la voix (ou sur les deux) ; la synchronisation sur la respiration ; la synchronisation sur les rythmes des gestes par un geste différent ; et la synchronisation sur les attitudes corporelles.

Ces comportements « en miroir » se produisent souvent naturellement, et sont la preuve d'un bon contact. Ils peuvent aussi être utilisés afin d'établir et d'augmenter le rapport. Cependant ces techniques ont peu de chances d'être efficaces si vous et les autres n'avez pas confiance en vos compétences mutuelles.

LA SYNCHRONISATION SUR LE TON OU LE RYTHME DE LA VOIX

Se synchroniser sur le ton ou le rythme de voix d'une autre personne est la meilleure façon d'établir le rapport dans les relations professionnelles. Les tons sont aigus ou graves, rauques ou mélodieux. Les rythmes sont rapides ou lents, avec ou sans pauses. La plupart des gens ne sont absolument pas conscients du ton ou du rythme de leur voix, et ils ne remarqueront pas ce que vous êtes en train de faire. De plus, la synchronisation n'a pas besoin d'être exacte, mais juste assez proche pour que l'autre personne se sente comprise. C'est la façon la plus évidente d'établir le contact par téléphone, et pourtant peu de gens le savent.

Un manager accueillit cette information par ces mots : « C'est donc pour cela que notre département s'attire tant de réactions hostiles de la part de nos clients du Sud ! Nous pensions qu'il était bien difficile de traiter avec ces gens-là. Le personnel de mon département, qui est originaire de New York, téléphone à nos clients partout aux Etats-Unis pour relancer les factures. Or les gens du Sud ont un débit verbal tout à fait différent de celui des New-Yorkais. Nous restons toujours courtois, comme c'est la règle dans notre entreprise, mais nous devons faire plus que cela. »

Je dois cependant vous mettre en garde. Si votre rythme est vraiment très différent de celui d'une autre personne, allez-y doucement en ajustant votre voix sur la sienne. Si vous êtes Parisien d'origine et que vous preniez subitement l'accent chantant du Midi, vous pourriez avoir des ennuis. Plutôt que d'effectuer un changement brutal, spectaculaire, esquissez une légère modification dans le rythme de votre

> Un autre cadre reçut le règlement d'une assurance peu de temps après avoir appris à synchroniser le rythme de la voix. Les choses se déroulèrent ainsi : sa voiture avait été volée une nuit devant son appartement près de New York. Après des semaines passées à négocier avec sa compagnie d'assurance et à attendre un versement qui n'arrivait pas, il téléphona au siège de la compagnie à Dallas, au Texas. Il s'aperçut tout de suite que la femme à l'autre bout du fil avait un ton et un rythme de voix très différents du sien. Il était depuis toujours grand amateur de musique, et possédait de ce fait une très bonne oreille. Le ton de voix de son interlocutrice était nettement plus aigu que le sien, mais il put se synchroniser sur son rythme. Selon lui, il obtint non seulement un chèque d'un montant supérieur à ce qu'il espérait, mais de plus le chèque fut posté le lendemain même de leur conversation.

voix. Ralentir à peine le rythme ne risque guère d'être remarqué.

En fait, aucune des techniques enseignées ici pour développer le contact ne devrait jamais être remarquée. Utilisez ces techniques avec élégance : faites le moins de gestes possible pour résoudre votre problème. Vous n'avez probablement besoin que d'un léger ajustement de rythme si vous savez ce que vous voulez et si vous vous concentrez afin de découvrir le véritable objectif de l'autre. La meilleure façon de produire le rapport est de s'intéresser vraiment à ce que veut l'autre personne.

Se synchroniser sur un rythme, cela s'apprend. La première étape est d'être conscient des différents débits verbaux, ensuite de se synchroniser dans un environnement sans danger. Plus tard, la synchronisation sur un ton de voix vous permettra d'accroître votre capacité à établir le rapport.

LA SYNCHRONISATION SUR LA RESPIRATION

La seconde façon d'établir le rapport est de se synchroniser sur le rythme respiratoire de l'autre. Avec un peu de pratique, on perçoit facilement le rythme respiratoire de la plupart des gens. Toutefois, si la personne porte plusieurs épaisseurs de vêtements, telles qu'une chemise, un gilet et un veston, il vous sera peut-être difficile de repérer les mouvements de sa poitrine ou de son ventre. Certains ont une respiration peu profonde, faite de mouvements sans amplitude. Dans ces cas les plus difficiles, il faudra observer le haut des épaules se découpant sur un fond quelconque : le mouvement ascendant et descendant des épaules sera alors perceptible.

Vous pouvez compter sur une chose : l'autre respire. Si depuis longtemps il (ou elle) ne remporte aucun succès dans le monde des affaires, il (ou elle) respirera peut-être à peine ; mais si vous l'observez attentivement, vous trouverez son rythme respiratoire. Une fois que vous l'avez, vous pouvez régler le vôtre dessus. Il vous faudra vous exercer un peu, mais cela viendra rapidement.

LA SYNCHRONISATION SUR LES RYTHMES D'UN GESTE

Ce type de synchronisation, ou *synchronisation croisée*, est relativement complexe. Repérez un geste effectué par l'autre personne de façon répétitive, et synchronisez-vous dessus à l'aide d'un geste différent. Par exemple, chaque fois que l'autre se frotte le menton, donnez un coup de crayon sur le bureau.

Une de nos stagiaires utilisa pour la première fois la synchronisation croisée avec l'un des adjoints au directeur général de son entreprise (ce qui est à éviter). Juste après notre séminaire de trois jours, Trudy devait participer à une réunion afin d'obtenir l'accord budgétaire d'un projet qui lui tenait à cœur. Le problème était que le vice-président à qui il incombait d'approuver le budget était connu pour être réticent à ce genre de projets. Elle téléphona à mon associé à New York pour lui demander conseil ; elle savait qu'il lui fallait établir le contact avec le vice-président, mais ne voyait pas comment y parvenir : cet homme était nerveux et plein d'énergie, alors qu'elle-même était du genre calme, avec des gestes naturellement lents. Ils étaient exactement à l'opposé l'un de l'autre.

Mon associé lui rappela la synchronisation croisée. Pendant la réunion, elle tapa légèrement du pied lorsqu'il faisait les cent pas. Elle changeait de pied chaque fois qu'il chan-

Si vous constatez un manque d'harmonie au cours d'une relation, établissez le rapport.

Se synchroniser sur un rythme pour créer le contact peut paraître farfelu...mais faites-en plutôt l'expérience vous-même.

geait de direction. Cela marcha. Elle établit le rapport et son projet fut approuvé.

« Mais rien ne prouve que c'est grâce à la synchronisation croisée », disent les sceptiques. C'était peut-être dû à sa personnalité enthousiaste. Ou aux ions négatifs en suspension dans l'air ce jour-là. Chacun de nous possède sa propre carte de la réalité, son propre modèle, et le nom attribué à un lieu donné varie d'une carte à l'autre, de la même façon que les explications ou les motivations d'un comportement donné varient d'un individu à l'autre. Les techniques syntoniques n'ont pas nécessairement de signification en elles-mêmes, mais tirent leur sens du fait que leur utilisation honnête semble correspondre à la réalisation de l'objectif que l'on s'était fixé. Et Trudy a atteint son objectif.

La synchronisation croisée est rarement remarquée, car la plupart d'entre nous ne sommes pas conscients des gestes que nous effectuons machinalement, comme par exemple remonter ses lunettes, se passer la main dans les cheveux, ou se frotter le nez. Si une personne répète de tels gestes, vous pouvez vous synchroniser sur son rythme en tapotant un crayon, agitant un pied, ou pianotant avec les doigts. Une fois le rapport établi, vous pouvez progresser vers votre objectif.

Pourquoi la synchronisation crée-t-elle le rapport ? Nous ne sommes pas sûrs d'avoir toutes les réponses à cette excellente question. Le rapport semble présenter des similitudes avec l'entraînement du rythme, un phénomène naturel décrit par Itzhak Bentov dans « La chasse au pendule sauvage » (*Stalking the Wild Pendulum*). Si vous mettez côte à côte sur un mur des pendules de différentes tailles pourvues de balanciers identiques, vous verrez qu'elles synchronisent graduellement leurs balancements. L'analyse de ce phénomène commun aux machines et aux hommes fit dire à Bentov : « La Nature trouve plus économique, en termes d'énergie, que les phénomènes périodiques dont les fréquences sont suffisamment proches se produisent en phase, en se réglant les uns sur les autres. »

LA SYNCHRONISATION SUR LES ATTITUDES CORPORELLES

La dernière technique de synchronisation est la plus simple et aussi la plus évidente : un simple reflet des attitudes corporelles.

« Imitation ? allez-vous demander. Est-ce réellement une bonne idée d'imiter les attitudes de quelqu'un d'autre ? »

Uniquement si vous n'avez pas déjà établi le rapport et que vous le vouliez. De l'imitation à l'émulation, il n'y a qu'un pas. Chercher à égaler ou surpasser les autres est une bonne chose.

Si vous vous synchronisez sur les attitudes, surtout faites-le discrètement. Autrement, cela peut être embarrassant pour vous et irritant pour les autres. Ils pourront croire que vous êtes en train de vous moquer d'eux. Bien que le reflet puisse se produire spontanément dans les relations, il peut constituer un piège pour le novice.

Si vous décidez de vérifier ce que donne la synchronisation sur les attitudes, faites-le dans une situation ne comportant aucun risque. Evitez de le faire avec vos supérieurs. En revanche, ce peut être très amusant de le faire dans un autobus ou un avion. Ne soyez pas surpris si des étrangers se mettent à vous parler de façon sympathique. Il y a un autre test : observer les gens dans les restaurants, aéroports et autres lieux publics. Vous verrez qu'ils se synchronisent mutuellement de façon tout à fait inconsciente. Et vous vous étonnerez peut-être de n'avoir encore jamais remarqué cette synchronisation naturelle présente tout autour de vous.

côte à côte
RAPPORT

Maintenir le rapport est une façon de synchroniser les différentes expériences, valeurs et points de vue des êtres humains. La synchronisation externe accentue les similitu-

Le rapport au cours de licenciements réduit le nombre de procès.

des et aplanit les différences, de telle sorte que la compréhension et le contact entre les gens semblent s'accroître.

Vous trouverez peut-être qu'il n'est pas loyal d'utiliser un tel phénomène naturel pour atteindre son objectif. Cependant, souvenez-vous que vous n'atteindrez ni ne conserverez votre objectif que si vous gardez présent à l'esprit l'objectif de l'autre. Le rapport devient ainsi un outil qui profite à tous les deux.

En résumé : vérifiez tout d'abord que le contact est établi. Si c'est le cas, poursuivez votre objectif. Sinon, vérifiez que vous avez confiance dans les capacités de l'autre à assumer sa tâche. Si vous lui faites confiance, poursuivez. Sinon, trouvez un moyen d'établir la confiance ou de suspendre votre jugement.

Il se peut que vous vous heurtiez à l'obstacle suivant : l'autre personne ne vous fait pas confiance. C'est dans ce type de situation qu'il devient vraiment intéressant d'établir le rapport. Le rapport n'est pas un processus mécanique. Il n'est pas non plus aussi simple qu'il le paraît à ceux d'entre nous qui l'ont toujours créé de façon intuitive. Si vous soupçonnez l'autre personne de ne pas vous faire confiance, il vous faut trouver un moyen de la convaincre que vous êtes capable de mener à bien votre tâche, ou alors changer de tâche pour une autre qui vous permettra d'être crédible. Vous pouvez toujours dire : « Vous avez l'air très occupé ; je reviendrai un autre jour », et faire confiance à l'autre pour qu'il vous montre la porte. En attendant de le revoir, profitez-en pour améliorer votre position par des lettres de recommandation, des brochures impeccablement rédigées, ou des appels téléphoniques de clients satisfaits. Vous pouvez avoir besoin d'inventer des moyens pour prouver votre compétence, afin de balayer les doutes de l'autre personne.

Vous pouvez même être direct, et dire quelque chose du genre : « Vous semblez douter de mes capacités à obtenir des résultats. Que voudriez-vous précisément voir (ou entendre) pour être convaincu que je peux parfaitement respecter mes engagements ? » Le sceptique sera peut-être

disposé à vous donner ses critères, et vous saurez si vous êtes en mesure de satisfaire ses exigences. Si ce n'est pas le cas, il serait logique que vous vous sépariez sur une poignée de mains.

Il y a des cas où le rapport peut être, et même doit être, délibérément rompu. Comment ? En regardant votre montre. Cela marche presque à tous les coups. Eloignez-vous de votre interlocuteur jusqu'à ce que vous soyez trop loin pour entendre correctement ce qu'il dit. Ou encore, ayez un geste brusque, inattendu.

Pourquoi voudriez-vous rompre le contact ? Pour respirer à votre propre rythme, par exemple. En étudiant pour la première fois les techniques de contact et leur fonctionnement, j'ai compris pourquoi j'avais si souvent le souffle court. J'ai une respiration abdominale naturellement profonde et lente. Quand j'étais en contact avec des gens qui, eux, avaient une respiration thoracique et rapide, j'étais mal à l'aise. Et, semble-t-il, j'entrais automatiquement en contact avec tout le monde, sans le savoir. Au cours de la semaine où j'ai compris cela, j'ai passé mon temps à rompre le contact avec tout le monde.

Vous pouvez également avoir besoin de rompre le rapport si vous êtes sur le point de contracter un engagement important. A certains niveaux, le rapport établit un tel courant de coopération que vous estimerez peut-être avoir passé un contrat que vous regretterez plus tard. Pour éviter cela, vous pouvez rompre le rapport en disant : « Nous

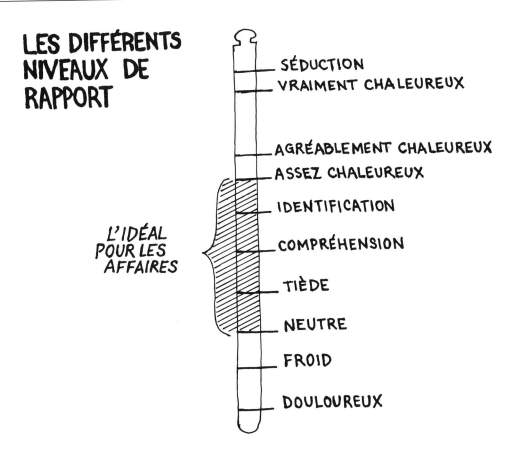

avons avancé assez rapidement, et il semble que nous soyons parvenus à un accord. Maintenant, prenons un peu de recul, et donnons-nous le temps de réexaminer cet accord : comment nous le ressentons, comment nous le voyons, comment nous l'entendons. Ainsi nous aurons la certitude d'avoir conclu un accord satisfaisant pour chacun d'entre nous. » Ensuite vous pouvez vous reculer, au sens propre du terme, vous éloigner de l'autre, et vérifier les informations sensorielles que vous avez recueillies à propos de cet accord. Alors, et alors seulement, vous rétablirez le contact.

Il devint clair pour moi que ces techniques de contact étaient réellement puissantes lorsque je fus amenée à participer, en tant que consultante en communication, à une négociation délicate. Un samedi matin, je reçus un coup de téléphone d'un inconnu complètement affolé, Dave. Son avocat lui avait conseillé d'apprendre de moi quelques techniques de négociation. Dave m'expliqua qu'il avait désespérément besoin d'apprendre ces techniques au cours du week-end, car il devait négocier les sommes que lui devait son ancien patron.

Je lui expliquai qu'en deux jours, je n'aurais guère le temps de lui enseigner tout ce dont il avait besoin. En outre, j'animais un sémaire durant tout le week-end.

Dave insista alors pour que je l'accompagne à sa réunion le lundi. Une grosse somme d'argent était en jeu, et il lui semblait qu'il avait le droit de se faire accompagner d'un consultant en communication.

La négociation portait sur les commissions que Dave devait toucher sur des baux qui avaient été acceptés, mais pour lesquels le contrat n'avait été signé qu'après le départ de Dave. Non qu'il ait été renvoyé, mais son patron, M. Smith, l'avait écarté d'une opération et l'avait fait muter dans une autre filiale. Le contrat de Dave spécifiait que s'il était écarté de l'opération, le paiement des commissions sur tous les accords de bail qui ne comporteraient pas la signature finale était laissé à l'appréciation de l'entreprise. Smith devait prendre la décision finale concernant les pourcentages que Dave allait toucher.

Il existait depuis un certain temps une réelle animosité entre Dave et Smith, mais actuellement c'était pire. Dave, à juste titre, était inquiet : l'animosité de Smith envers lui risquait de peser lourd sur la somme qu'il recevrait. Dave travaillait sur certains de ces baux depuis deux bonnes années, et il craignait de ne toucher aucune commission.

Je rencontrai Dave une demi-heure à l'avance, le lundi, et le calmai en l'aidant à se souvenir d'*états de ressource* (souvenirs des situations dans lesquelles il avait eu confiance en lui). Puis ce fut l'heure du rendez-vous avec Smith.

Nous étions quatre dans le bureau de Smith : Dave, Smith, Gail (l'ancienne assistante de Dave, à laquelle devait revenir une part des commissions), et moi. Le bureau était comme un aquarium : deux des baies vitrées donnaient sur les forêts avoisinantes, les deux autres dominaient une cinquantaine de boxes où travaillaient les employés.

Lorsque Smith apprit que Dave avait amené un professionnel de la communication, il entra dans une colère noire. Il hurla, traversa bruyamment le bureau, renversa quelques papiers. Il cria qu'il n'était pas question de négocier tant que je serais dans cette pièce. Dave, Gail et moi le regardions tranquillement. Les gens dans leurs boxes n'avaient pas levé les yeux de leur travail. Environ cinq minutes plus tard, Smith se calma et dit que je pouvais rester, à condition de ne pas prononcer un mot. Il était toujours agité, mais avait cessé de hurler et d'arpenter la pièce en tous sens. Il se laissa tomber dans un fauteuil pivotant.

Je réfléchis un moment à sa proposition, acceptai d'un signe de tête, puis m'assis sur une chaise à côté de Dave. Gail s'assit sur un sofa à l'écart. Je commençai à me synchroniser sur la respiration de Smith. Il était toujours légèrement agité. Se renversant en arrière sur sa chaise, il posa ses talons sur le piètement. Ses jambes étaient écartées. Je portais une jupe étroite, aussi ne pus-je me synchroniser que sur les attitudes du haut de son corps. Quelques minutes plus tard, je ralentis le rythme de ma respiration. Smith fit de même. A ce moment, j'examinai Dave et m'aperçus que nous respirions tous les trois au même rythme, signe que le contact était établi entre nous.

Je ne fis rien d'autre.

A ce moment-là, Dave et Smith avaient déjà négocié le premier contrat. Dave obtint le pourcentage intégral qu'il estimait avoir mérité sur les quarante baux — au total, presque 100.000 dollars. En fait, Gail renégocia certains pourcentages quand elle estima que Smith était « trop bon » envers Dave. Sur les quelques derniers baux, Smith demanda simplement à Dave ce qu'on lui avait promis. Dave le lui dit, et Smith répondit : « D'accord. »

Une heure plus tard, je serrai la main de Smith et dis : « J'ai réellement apprécié cette négociation, même si je n'ai rien dit. » Il me consola en ajoutant : « Vous savez, écouter est une partie importante de la négociation. »

Maintenant, vous savez comment définir vos propres objectifs, découvrir ceux des autres et établir le rapport tout en explorant les possibilités de satisfaire vos objectifs respectifs. Essayez ces techniques qui privilégient la forme sur le fond, et vous verrez qu'une conversation banale peut devenir un exercice de style passionnant.

Une fois que vous aurez employé ces nouvelles méthodes de communication et découvert qu'elles fonctionnent, vous serez prêt à aborder le prochain niveau dans la maîtrise de la communication. Pour vous y aider, le chapitre suivant explore brièvement les circuits par lesquels notre cerveau perçoit et organise les perceptions.

Nous utilisons tous plus ou moins facilement les techniques de contact et l'acuité sensorielle, mais souvent nous le faisons sans méthode. En acquérant de nouvelles techniques et en nous concentrant sur le mécanisme de la communication plutôt que sur son contenu, nous pouvons augmenter considérablement notre efficacité en la matière.

Les processus de communication sont stables quelles que soient les différences culturelles. Seul le contenu change.

LES PROCESSUS DE LA COMMUNICATION

PARLER	SILENCE
ECOUTER	DISTRACTION
SE FIXER DES OBJECTIFS	ACCUSER LES AUTRES
CREER PLUSIEURS OPTIONS	UNE SEULE VOIE
RAPPORT	MEFIANCE
MARCHER DE PAIR	PRENDRE A REBROUSSE-POIL
MENER	POUSSER
SE DIRIGER VERS SES OBJECTIFS	FRUSTRATION
ADAPTER SES OBJECTIFS	MANIPULER
ROMPRE AVEC LES MODELES	HABITUDES DE PENSEES
REPONDRE AU STIMULUS	ETRE COMATEUX
CREATIVITE	AUTOMATISMES MENTAUX
ACUITE SENSORIELLE	INATTENTION
FLEXIBILITE	RIGIDITE
CONGRUENCE	S'ENGAGER DANS SA PROPRE VOIE
FEEDBACK	ABSENCE
CALIBRATION	PAS DE REACTIONS
DEGAGER DES OBJECTIFS	SE METTRE DES ŒILLERES
HUMOUR	SE PRENDRE AU SERIEUX
METAPHORE	CONFRONTATION
PERCEPTION	ETAT D'INCONSCIENCE

La sélection, la distorsion et la généralisation affectent notre modèle de la réalité.

LES PROCESSUS DE LA PERCEPTION ET DE LA PENSÉE

La **sélection** se produit lorsque nous négligeons, excluons ou oublions quelque chose.

La **distorsion** est un préjudice personnel qui déforme nos perceptions.

La **généralisation** se produit lorsque nous tirons une conclusion globale d'une ou de deux expériences.

3
Perception + Pensée ⇒ Communication

Avant de poursuivre l'étude de la communication, il nous faut examiner attentivement les relations qui unissent la perception, la pensée, et le langage. Les mots que nous prononçons sont le résultat de notre processus de pensée. Ce que nous pensons découle de nos perceptions actuelles. Ces perceptions actuelles peuvent provenir d'expériences passées ou présentes, ou bien être des perceptions internes ou externes concernant ces expériences. L'association de nos perceptions et de nos pensées détermine notre mode de communication.

Les perceptions sont les informations recueillies par nos cinq sens et traitées par le cerveau. Le neurophysiologiste C.S. Sherrington parle du cerveau comme d'un « métier à tisser enchanté ». Nos perceptions constituent la chaîne et la trame avec lesquelles le métier fabrique la structure de notre pensée, qui deviendra la tapisserie de notre vie. Ces structures de pensée paraissent même de plus en plus enchantées au fur et à mesure que l'on découvre ce qu'est le cerveau, et que l'on appréhende son fonctionnement.

La photographie de sections du cortex cérébral montre l'arborescence des neurones et des dendrites. La façon dont nos pensées cheminent à travers les dendrites est aussi mystérieuse que la magie : des substances chimiques provoquent des influx électriques qui se propagent le long des neurones. Ce sont nos pensées qui activent ces substances chimiques. Diverses combinaisons chimiques interviennent de bout en bout pour transmettre nos perceptions et nos pensées. Votre réponse au mot « mère » — une image, un son ou un sentiment — est une réaction chimique. Les combinaisons chimiques à l'intérieur du cortex cérébral trient et enregistrent l'information provenant de nos cinq sens, ainsi que les mots que nous utilisons pour coder cette information.

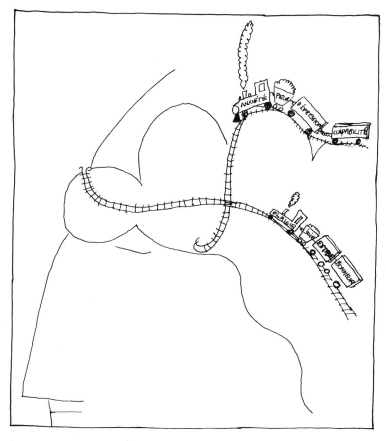

Trains de pensées

Ainsi la totalité du processus de la perception, de la pensée et de la communication dépend des combinaisons des substances chimiques du cerveau. Celles-ci codent et transmettent nos perceptions et nos pensées, lesquelles déterminent notre comportement.

Nous vivons dans un monde rempli d'une foule d'objets et de personnes distincts. C'est ce que l'on appelle « le monde réel ». Cependant, aucun de nous n'est en contact direct avec ce monde. Nous utilisons nos yeux, nos oreilles, notre nez, notre langue, et notre peau pour percevoir, puis nous décidons ce qu'il convient de faire de ces perceptions dans un processus appelé pensée. La pensée transforme les perceptions en mots.

Ne mangez pas le menu.

Les mots sont une codification ou représentation des expériences. Le langage est une façon de représenter les expériences. La façon de s'exprimer de chaque personne représente la totalité de ses expériences, de même qu'un menu représente ce qui est disponible dans la cuisine. Les mots inscrits sur le menu sont les symboles de la nourriture que l'on peut vous servir. Les mots de notre univers mental sont les symboles de nos expériences.

Par exemple, si quelqu'un s'approche de vous et vous donne un baiser, là, maintenant, vous faites l'expérience d'être embrassé(e). Ceci est l'étape numéro un d'un mécanisme intéressant.

Vous construisez l'image de quelque chose, entendez le bruit du baiser, ressentez d'autres lèvres sur les vôtres, produisez une réponse émotionnelle, sentez l'odeur de l'autre personne, et peut-être goûtez ses lèvres. Etape numéro deux.

Les mots que chacun choisit pour décrire une expérience révèlent souvent à quel endroit de son modèle de la réalité se produisent la généralisation, la sélection et la distorsion.

Ensuite, vous donnez une signification à toutes ces sensations. Etape numéro trois.

Puis, vous trouvez des mots pour décrire les images, les sons, les sensations, les goûts et les odeurs. Etape numéro quatre.

Finalement, vous attribuez un sens aux mots que vous avez choisis. Etape numéro cinq.

Vous êtes loin de ce baiser.

« Etre embrassé(e) » est codé dans votre univers mental surtout pendant les quatre dernières étapes. L'étape numéro un ne peut pas être codée. Avant de parvenir à l'étape numéro cinq, la sélection, la distorsion et la généralisation ont considérablement affecté l'expérience du baiser.

La carte — le modèle — d'une personne diffère du territoire qu'elle représente ; de plus, chaque personne possède son propre modèle, quelque peu différent de celui des autres. C'est ce qu'a mis en évidence le linguiste Alfred Korzybski.

Les concepts de base de Korzybski font clairement apparaître que les mots que nous sélectionnons pour décrire nos objectifs sont fortement déterminants pour la réalisation de ces mêmes objectifs. Quand nous décrivons un objectif, les mots que nous utilisons décrivent généralement des expériences que nous avons déjà faites et aimerions faire à nouveau, ou des expériences tentantes que nous avons vues ou dont nous avons entendu parler.

Ces expériences directes ou indirectes sont enregistrées dans notre mémoire sous la forme des images, des sons ou des sentiments qui étaient présents ou fantasmés lorsque l'expérience originelle s'est produite. Pour retrouver ces images, sons et sentiments, nous utilisons souvent des mots. Notre cerveau est organisé de façon telle que nous pouvons, grâce aux mots, accéder systématiquement aux représentations sensorielles d'une expérience, réelle ou imaginée, qui sont stockées dans notre mémoire.

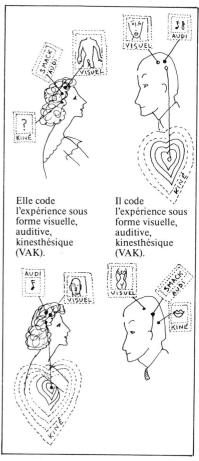

Transfert d'un baiser en un modèle de la réalité

Elle code l'expérience sous forme visuelle, auditive, kinesthésique (VAK).

Il code l'expérience sous forme visuelle, auditive, kinesthésique (VAK).

Expérience

Images, sons, sentiments

PERCEPTION + PENSÉE ⇒ COMMUNICATION 59

Les mots symbolisent les représentations sensorielles que nous nous formons d'une expérience ; de celle-ci au langage, il y a donc plusieurs étapes. C'est au niveau de ce symbolisme des représentations que se produisent certains décalages du langage. D'autres se produisent lorsque nous codons mentalement notre expérience, car nous avons tendance à généraliser, déformer et sélectionner. De plus, quand nous utilisons des mots pour représenter nos expériences, nous ne pouvons coder que les événements pour lesquels nous disposons déjà de mots. Toutes ces limitations expliquent le décalage considérable entre ce que nous voulons et les mots que nous utilisons pour en faire la description.

Entre une expérience et ses différents sens, cinq étapes affectent notre modèle de la réalité.

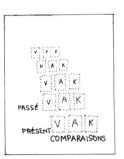

Le sens de VAK

Mots

Le sens des mots/Le sens de l'expérience

Lorsque nos sens ont perçu le monde réel et que notre cerveau a construit un modèle représentant nos expériences, ce modèle détermine nos comportements. Souvent, la frustration ou le malheur des gens sont dus au fait que leur représentation du monde réel est trop limitée. En modifiant leur modèle de la réalité, en y intégrant ce qui pourrait les rendre heureux, on peut parfois mettre le bonheur à leur portée. En attendant, nous sommes pour la plupart incapables de voir ou d'entendre la seule chose qui pourrait nous rendre heureux, parce que nous n'imaginons pas son existence. Il existe probablement plusieurs choses susceptibles de nous rendre heureux, ou tout au moins contents, si seulement nous pouvions élargir notre modèle pour inclure ces possibilités. Du fait que nos perceptions et nos processus mentaux butent sur certaines limites, notre éventail de choix est également réduit.

La carte détermine nos comportements. Nous déterminons la carte.

Carte de la réalité

Les expériences sont codées dans notre cerveau sous forme d'images, de sons, de sensations, d'odeurs et de goûts. C'est ce que nous appelons coder notre modèle de la réalité.

La carte dans notre cerveau n'est pas la réalité, de même que la carte n'est pas le territoire.

Le philosophe grec Posidonius suggéra que la Terre avait la forme d'une fronde. Cette carte de Petrus Bertius fut publiée à Paris en 1630. C'est une interprétation littérale de la comparaison de Posidonius. Notre carte de la réalité est constituée des interprétations personnelles de nos expériences, associées à des comparaisons et des métaphores.

LES PORTES DE LA PERCEPTION

Le processus de communication commence par les perceptions. Ces perceptions sont nos points de contact avec le monde. Comme le fit remarquer Aldous Huxley, nos sens sont comme les cinq portes de notre âme ; nous les ouvrons pour recueillir les informations sur le monde. Les poètes préfèrent « fenêtres » à « portes » pour désigner les yeux, le nez, les oreilles, la bouche et la peau. L'essentiel est que c'est à travers eux que l'information extérieure pénètre jusqu'à notre cerveau.

Nos yeux recueillent les images, et nos oreilles sélectionnent les sons. Pour les sensations, nous recueillons à la fois des informations externes (tactiles) et internes (émotions). Notre nez détecte les odeurs. En ce qui concerne le goût, l'intérieur de notre corps absorbe une partie du monde extérieur lorsque nous mangeons.

Notre esprit conscient ouvre ces portes l'une après l'autre — certes très rapidement, mais sans qu'il y ait simultanéité. En revanche, notre inconscient laisse ces cinq portes ouvertes en permanence, et peut évaluer et stocker à chaque instant plus d'informations que ne peut le faire notre esprit conscient.

La plupart de nos perceptions sont inconscientes.

Tout se passe comme si chacun d'entre nous était un poste de télévision perfectionné sur lequel étaient branchés cinq appareils d'enregistrement. Ceux-ci sont réglés pour capter cinq chaînes différentes. L'une des chaînes transmet uniquement le son, une autre les images. La troisième envoie les sensations, et les deux dernières les goûts et les odeurs. Notre esprit conscient ne dispose que d'un seul écran. Nous passons d'une chaîne à l'autre, privilégiant l'une à un moment donné au détriment des autres. Toute l'information émanant des quatre autres chaînes est enregistrée, mais pas consciemment.

A l'intérieur de ce téléviseur il y a un petit robot qui décide ce qu'il faut faire en fonction de ce qui se passe sur l'écran de notre esprit conscient. Les décisions de notre esprit conscient sont aussi affectées par toute l'information provenant des quatre autres enregistrements — information qu'il peut n'avoir jamais vue, entendue, ressentie, goûtée ou sentie consciemment. En fait, la plupart de nos perceptions sont inconscientes. Faut-il alors s'étonner qu'il y ait des failles dans nos décisions, et donc dans notre communication ? L'inconscient affecte nos comportements et nos communications de façon bien étrange.

Il est très utile de savoir que notre insconscient possède des informations auxquelles notre esprit conscient n'a pas accès. Le simple fait de savoir que vous, comme tout le monde, en « savez » plus que ce que vous croyez savoir, peut faire une énorme différence en matière de communication. Car vous apprendrez ainsi à faire confiance à vos impulsions et à votre intuition, à vous fier davantage à votre capacité d'analyser l'information appropriée disponible à tel moment. Et vous vous sentirez plus à l'aise d'agir en fonction de cela.

Ce genre de connaissance existe insconsciemment. N'avez-vous jamais bouclé votre valise, fermé la porte, et démarré la voiture avec la sensation obsédante d'avoir oublié quelque chose ? N'avez-vous jamais passé en revue les oublis possibles ? « Pas cela. Non, pas ça. Oui, j'ai oublié ça,... mais ça n'est pas ce qui me tracasse. C'est quelque chose d'autre, quelque chose de plus important. Mais oui, bien sûr. » Ce scénario est caractéristique des moments où votre esprit conscient extrait l'information de votre inconscient.

Un professeur me raconta un jour qu'en s'asseyant dans sa voiture, il sut tout à coup où se trouvait le stylo en or auquel il tenait beaucoup et qui avait disparu depuis trois mois : dans la fente entre le siège et le levier de changement de vitesse. Non qu'il se soit brusquement souvenu de n'avoir pas vérifié cet endroit ; c'est son inconscient qui avait décidé de lui communiquer l'information que son esprit conscient recherchait depuis trois mois.

LES SYSTÈMES DE REPRÉSENTATION

Les cinq portes de perception, ou fenêtres — nos systèmes de représentation perceptifs — sont les systèmes visuel, auditif, kinesthésique, olfactif et gustatif (VAKO).

Les systèmes de représentation sont les canaux par lesquels vous percevez et codez les souvenirs que vous rapportez de votre voyage perceptuel à travers les portes de perception.

Quelle est votre porte préférée ?

Ce qui est particulièrement intéressant dans la communication humaine est que chacun d'entre nous semble se fier davantage à une porte qu'aux autres. La porte que nous préférons a une grande influence sur les mots que nous choisissons. En fait, elle influence notre respiration, notre attitude corporelle, et la façon dont nous bougeons les yeux. C'est, semble-t-il, à un âge précoce que la plupart d'entre nous sélectionnons la porte de perception qui aura la préférence dans un contexte particulier ; nous recueillons alors plus d'information par cette porte que par les autres.

Par exemple, vous avez peut-être remarqué que vous préférez les images aux sons. Vous percevez les images autour de vous avec votre esprit conscient, et les stockez dans votre mémoire. Chaque fois que vous voyez une chose pour la première fois, ou que vous voyez de nouveau une chose familière, vous vous référez, pour lui donner un sens, à vos souvenirs visuels. Pour que vos perceptions aient une signification, vous comparez les images présentes aux images passées. Ainsi, vous savez ce qu'est un chat en le comparant aux images des autres chats stockées dans votre mémoire. Lorsque vous êtes dans ce type de situation, où vous utilisez vos yeux de préférence à vos oreilles ou à vos sensations, vous êtes dans le *mode de perception visuel.*

Si vous préférez les sons aux images, vous prêterez davantage attention aux bruits du monde. Même si vous n'êtes pas musicien, vous serez peut-être très fort pour distinguer les nuances subtiles des sons. Pour les besoins de cette démonstration, je vous décrirai comme une personne *auditive*, puisque votre sens auditif est celui que vous préférez — ou celui auquel vous vous fiez davantage.

Si vous avez tendance à vous fier davantage aux sensations qu'aux images ou aux mots, vous utilisez probablement votre esprit conscient pour sentir la douceur de la fourrure d'un chat, ou pour analyser vos sentiments concernant — par exemple — les chats, les gens ou l'art moderne. On pourrait dire de vous que vous êtes une personne *kinesthésique*, ou sensitive. Vous serez davantage conscient des sensations tactiles ou des émotions viscérales que ne l'est un visuel ou un auditif.

Du fait du contexte particulier dans lequel on ouvre leurs portes respectives, les sens de l'odorat et du goût contribuent à apporter des informations utiles : c'est le cas lorsque nous mangeons, ou lorsque des stimuli olfactifs réclament notre attention. Si vous traversez en été un jardin où poussent des roses ou une plante parfumée, vous prenez soudain conscience de votre capacité à détecter les odeurs.

Dans le monde moderne, les réactions olfactives restent souvent inconscientes. Cependant, cela peut affecter nos décisions quotidiennes plus que nous le croyons. Notre attirance ou notre répulsion pour une odeur particulière peut provenir de ce que nous avons accès à plus d'informations que nous n'en sommes conscients.

LES CATÉGORIES CONTROVERSÉES

Il y a actuellement de nombreuses controverses sur le fait de savoir si l'on peut classer les gens par catégories selon leur mode primaire. Je crois que c'est possible. Une personne visuelle peut utiliser les autres modes, mais sa capacité à distinguer les nuances des sons, par exemple, est plus limitée que celle d'un auditif. Cette capacité de discrimination résulte des expériences de vie de chacun. Il n'y a pas là de limitation permanente. Une personne *visuelle* le restera tant que ses expériences de vie ne s'équilibreront pas différemment, jusqu'à ce que son modèle de la réalité soit également modifié.

> Un père intelligent qui élevait seul ses deux fils leur donna très tôt ce conseil : « Si vous avez une décision à prendre, rassemblez tous les éléments que vous pourrez, puis parlez-en, à moi ou à quelqu'un que vous respectez. Après cela, faites confiance à votre flair. Si ça vous paraît bon, allez-y. Sinon, abstenez-vous. » Ses fils continuent à agir ainsi, parce que cela marche. Leur père leur avait intuitivement donné une stratégie de décision qui utilise aussi bien l'information inconsciente que l'information consciente.

De temps en temps, nous utilisons chacun de nos cinq sens pour recueillir consciemment des informations.

Bien entendu, les gens ne sont pas visuels, auditifs ou kinesthésiques à 100 %. Le sens que nous utilisons dépend de la situation, du contexte. Même si vous êtes attentifs consciemment et quasi exclusivement aux informations visuelles, les sons et les sensations sont toujours enregistrés par votre inconscient.

Au niveau conscient, nous allons de porte en porte selon la situation. Pour cette raison, ce n'est pas une très bonne idée de classer les gens en catégories comme s'ils étaient exclusivement visuels, auditifs ou kinesthésiques. C'est parfois utile si l'on ne cherche à avoir qu'une vague idée des gens. Cependant, les gens n'utilisent pas qu'un seul sens, et vous ne ferez que vous limiter si vous les classez ainsi. Les généralisations ne sont utiles que dans la mesure où vous ne perdez pas de vue qu'il y a des exceptions.

La perception, la mémoire et leur association se produisent presque en même temps.

Néanmoins, pour les besoins de ce livre, ces termes seront parfois employés de façon assez imprécise. Si je dis qu'une personne est « visuelle », entendez par là qu'elle utilise le mode visuel à un moment et dans un contexte particuliers.

Les processus de la pensée consciente

La communication fait généralement plus appel à l'information visuelle, auditive ou kinesthésique, qu'à l'information gustative ou olfactive. Nous pouvons considérer le goût et l'odorat comme des subdivisions de l'expérience kinesthésique. Pour cette raison, et pour simplifier notre sujet, nous allons maintenant nous attacher à ces trois canaux permettant de recueillir et de conserver l'information.

Chacun de ces canaux comporte des subdivisions, qui sont : le canal *visuel externe* — la porte que nous ouvrons pour voir le monde extérieur ; le *visuel interne* — les images stockées dans notre mémoire, ou notre imagination ; l'*auditif externe* — la porte que nous ouvrons pour capter les mots et les bruits du monde extérieur ; l'*auditif interne* — les mots, conversations et bruits stockés dans notre mémoire ou notre imagination ; le *kinesthésique externe* — la porte que nous ouvrons pour ressentir des sensations tactiles ; le *kinesthésique interne* — la mémoire des sensations tactiles ainsi que toutes nos émotions, à la fois réelles et imaginées, présentes et passées. Notre façon de penser et de communiquer est constituée de notre combinaison personnelle de ces différents éléments.

La métaphore des portes que nous avons utilisée comporte une difficulté : ouvrir et fermer les portes, cela prend un certain temps, même en imagination, alors que la perception, la mémoire, et leur association semblent se produire simultanément.

Par exemple, vous voyez un ballon de basket ; cela vous rappelle une certaine sensation de cuir tendu et de forme ronde. Cette sensation déclenche l'image mémorisée de votre premier but marqué au cours d'une partie, les voix des autres joueurs, et le sentiment que vous avez éprouvé en réaction à ce qu'ils disaient. Même si cette scène a eu lieu quinze ans auparavant, la vue du ballon de basket la rappelle en une fraction de seconde.

Pour comprendre le mécanisme de la pensée, il nous faut le visionner au ralenti — comme un film — , et examiner individuellement chaque élément. Dans le cas du ballon de basket, l'esprit conscient ouvre puis referme la porte des images, puis la porte donnant sur les souvenirs de sensations tactiles ; ensuite il passe un vieux film parlant. Ce film vous laisse un sentiment particulier — celui que vous avez éprouvé autrefois. Ainsi, ce qui s'est passé au cours de ce film détermine ce que vous ressentez aujourd'hui à propos des ballons de basket.

En ralentissant et en examinant vos propres processus de pensée, vous pouvez atteindre à une meilleure compréhension de vous-même et de vos réactions. Les mots que vous choisissez en réponse au monde renforcent certaines perceptions et en éliminent d'autres de votre esprit conscient. Chacun de nous structure différemment le monde dans lequel il vit.

L'observation des mouvements faits par nos yeux lorsque nous percevons et pensons permet de mieux comprendre ce

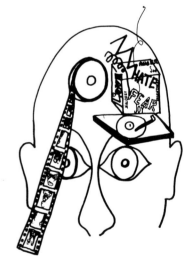

Nos vrais souvenirs sont une sélection d'images, de sons et de sentiments que nous avons adaptés pour qu'ils correspondent à nos systèmes de croyance, ou vice versa.

PERCEPTION + PENSÉE ⇒ COMMUNICATION 67

Les perceptions que vous sélectionnez et les mots que vous choisissez contribuent l'un et l'autre à la façon dont vous structurez votre monde.

processus. Les mouvements des yeux reflètent systématiquement l'activité de notre cerveau. Ils indiquent quel système de représentation — visuel, auditif ou kinesthésique — vous utilisez à un moment particulier.

Le film de la mémoire

SYSTÈMES DE REPRÉSENTATION ET MOUVEMENTS OCULAIRES

Les mouvements des yeux d'une personne indiquent si elle est en train de former des images, d'écouter des bruits internes, ou si elle se concentre sur des sensations. Par exemple, lorsqu'une personne se souvient d'images, ses yeux ont tendance à se diriger vers le haut. Si vous avez suivi l'exemple du ballon de basket, ce mouvement vers le haut s'est produit lorsque vous vous êtes revu, enfant, jouant au basket. Vos yeux se sont déplacés vers le bas et la gauche quand vous vous êtes souvenu des voix de vos coéquipiers. Et quand vous avez pris conscience de vos émotions au sujet de cette partie de basket, vos yeux se sont probablement dirigés en bas à droite.

Par le biais de ce scénario, j'aurais pu décrire les séquences de votre pensée rien qu'en observant les mouvements de vos yeux. Je n'aurais pu être sûre du contenu de votre pensée, mais j'aurais pu recueillir ceci : quand vous avez regardé le ballon de basket, vous avez eu l'image d'un souvenir, puis le souvenir de quelques mots, suivi d'un sentiment. (J'aurais noté cela : image visuelle externe + image visuelle interne + son interne + des sensations internes.) Je ne me serais pas aperçue d'éventuels souvenirs olfactifs, car j'ignore quels mouvements effectuent les yeux en réponse à une odeur. Cependant, le simple fait de suivre les mouvements de vos yeux m'aurait donné quantité d'informations sur votre mécanisme mental du moment.

Lorsque quelqu'un s'apprête à vous répondre, vous pouvez savoir s'il utilise des images, des sons ou des sensations, même si vous n'en connaissez pas la teneur. Cette information privilégiée ne peut pas être truquée, et doit être traitée avec respect et courtoisie. Si vous avez identifié le système de représentation d'une personne, vous pouvez adapter votre vocabulaire pour communiquer avec elle dans son propre système de représentation. Certains mots seront mieux compris par un visuel, alors que d'autres marcheront mieux avec un auditif ou un kinesthésique. Si vous parlez leur type de langage, ils estimeront que vous êtes quelqu'un de très compréhensif.

Si vous tentez d'utiliser cette information pour porter préjudice aux autres, cela ne marchera pas. L'intérêt personnel fait, à la longue, échouer toute manipulation.

Les mouvements oculaires sont comme des dépêches transmises par téléscripteur informant du déroulement de la pensée.

PERCEPTION + PENSÉE ⇒ COMMUNICATION 69

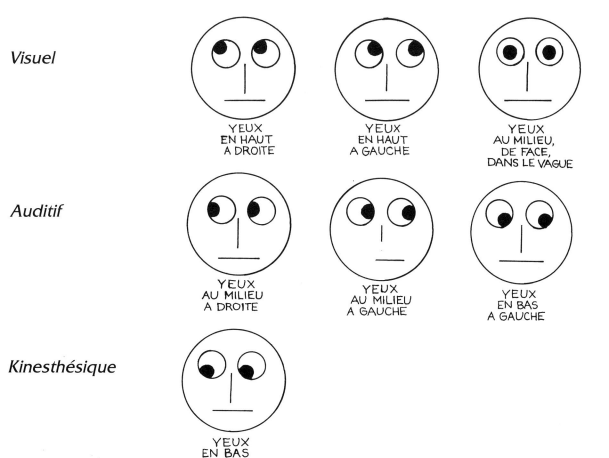

Visuel

Auditif

Kinesthésique

Mouvements oculaires

Les visuels

Certains comportements externes caractérisent ceux qui, pour quelque raison que ce soit, opèrent à un moment donné en mode visuel. Une personne visuelle sélectionne les images de sa mémoire pour donner un sens à ce qui se passe dans l'ici et maintenant. Cela se passe très rapidement. Ses yeux seront dirigés vers le haut ou, dans le cas de certaines personnes, légèrement dans le vague mais regardant droit devant elle un endroit situé à environ cinquante centimètres de son nez. Si vous vous tenez à cet endroit précis, vous pouvez interférer avec ses images mémorisées. Elle peut en être irritée : cela l'empêche littéralement de penser. Les visuels sont également mécontents si l'on insiste pour qu'ils regardent droit dans les yeux d'autrui ; cela les empêche d'utiliser librement leur regard, de le diriger vers le haut ou de rester dans le vague.

Dans la conversation d'un visuel, les mots visuels — tels que voir, clair, coloré — prédominent. Le visuel utilise des expressions comme « Je vois ce que vous voulez dire », ou bien « Je vois le tableau ». Sa voix peut être aiguë et légèrement saccadée, car le visuel respire par le haut du thorax. Il manifeste souvent une certaine tension dans le cou et les épaules, car le fait de raidir ces muscles a tendance à clarifier les images. Le rythme de la voix est plus rapide chez les visuels que chez ceux qui utilisent le mode auditif ou kinesthésique.

Les visuels racontent les choses avec beaucoup plus de détails concernant les couleurs et les formes que ne le font les auditifs ou les kinesthésiques. Ils sont souvent profondément sensibles à la couleur de leur chambre, à l'ordre ou au désordre qui règne autour d'eux, et aux couchers de soleil et autres paysages.

Les visuels se perdent rarement. Il leur suffit d'avoir été une fois dans un endroit pour qu'ils s'en souviennent et retrouvent leur chemin, particulièrement s'ils peuvent le faire à partir d'un point de référence qui leur est familier. Ils collectionnent une foule de photographies intérieures ; mais ce qui est plus important, c'est qu'ils ont l'habitude de retrouver ces photos. Ils savent chercher dans les fichiers de leur mémoire.

S'ils ne peuvent pas former des images, les visuels ne peuvent pas penser.

YEUX EN HAUT A DROITE

YEUX EN HAUT A GAUCHE

YEUX AU MILIEU, DE FACE, DANS LE VAGUE

Les auditifs

Dans les cultures occidentales, les gens utilisent moins souvent le mode auditif que les deux autres modes comme source première d'information sur le monde. Bien sûr, les musiciens sont des auditifs, de même que les présentateurs de radio. Les auditifs sont souvent fiers de leur voix, à juste titre : elle est généralement mélodieuse. Le rythme aussi en est agréable, tant pour eux que pour les autres.

Les auditifs tiennent souvent avec eux-mêmes un dialogue intérieur. Il ont du mal à faire des choix, car leurs voix intérieures se livrent à d'interminables discussions sans parvenir à se décider. S'ils cessaient de parler, intérieurement ou extérieurement, et examinaient leurs sentiments, ils parviendraient à prendre une décision ; mais la plupart du temps ils ne se fient pas aux sentiments.

J'ai eu un jour un ami qui était un auditif. Il aimait parler. Une simple question comme « Comment allez-vous » provoquait une longue tirade avec citations de Voltaire, Marx ou Mao Tse-tung. Un dimanche soir, vers cinq heures, il me dit qu'il avait passé toute la journée à se demander s'il irait dîner sur la côte. Je lui suggérai ceci : « Imagine que tu es assis sur la terrasse du restaurant. Maintenant, que ressens-tu ? »

Son visage s'éclaira soudain, il écarquilla les yeux : « Je veux y aller », dit-il, regardant fébrilement autour de lui. Puis il regarda sa montre. « Oh, zut ! C'est trop tard. Le temps d'y arriver, le soleil sera couché. »

Au moins avait-il pu mettre fin à son dialogue intérieur.

Les auditifs ne se fient qu'aux sons, et les sons changent constamment.

YEUX AU MILIEU A DROITE

YEUX AU MILIEU A GAUCHE

YEUX EN BAS A GAUCHE

Les auditifs ont tendance à respirer par le milieu du thorax, plus bas que les visuels. Cela leur donne suffisamment d'oxygène pour avoir un rythme régulier, cadencé, et non saccadé comme celui des visuels ou entrecoupé de pauses comme les kinesthésiques.

Les auditifs utilisent des expressions comme « Cela me dit quelque chose » ou « C'est bien ainsi que je l'entends ». Ils écouteront un disque ou iront au concert s'ils ont de sérieux problèmes dans leur vie.

Les kinesthésiques

Les kinesthésiques ont une respiration abdominale profonde, et leur voix est plus grave que celle des auditifs ou des visuels. Leur conversation est entrecoupée de pauses qui leur permettent de vérifier leurs sensations, d'être en contact avec ce qui se passe. Ils sentent les problèmes, savent écarter les obstacles ou démêler les conflits. S'ils n'adorent pas ils détestent ; dans toute situation ils manifestent de l'enthousiasme, de la froideur, ou des réticences. Les vrais kinesthésiques sont de merveilleux amants, à moins qu'ils ne se laissent emporter par leurs propres sensations au point d'en oublier leur partenaire.

YEUX EN BAS A DROITE

Les kinesthésiques marchent en se dandinant.

Les cérébraux

Ce tour d'horizon des différents types de réactions humaines me conduit à conclure qu'il peut exister une quatrième catégorie : celle des cérébraux. Appartiennent à cette catégorie ceux qui réagissent non pas aux perceptions brutes, mais à l'étiquette qu'ils leur collent. Plutôt que de réagir directement, un cérébral met d'abord un nom sur ce qu'il a perçu, puis réagit à ce nom. Les cérébraux intercalent entre leurs perceptions et leurs réactions un filtre épais constitué par le langage. Bien sûr, nous utilisons tous le langage à un moment donné au cours du processus « perception + pensée $\rightarrow$ communication », mais les cérébraux semblent introduire la phase verbale plus tôt que les autres, et comptent sur ce filtre du langage pour atténuer leurs expériences.

Ce groupe comprend des cérébraux-visuels, cérébraux-auditifs et cérébraux-kinesthésiques. Ce sont des personnes dont la physionomie et les attitudes corporelles sont peu

PERCEPTION + PENSÉE ⇒ COMMUNICATION 73

Pour savoir ce qui se passe, les cérébraux attendent d'avoir trouvé la bonne étiquette.

expressives ; ils donnent l'impression de vivre « dans leur tête ».

Certains d'entre nous, parce qu'ils sentent intuitivement que le langage lui-même modifie notre expérience, y réagissent avant de rechercher les mots pour décrire ce qui s'est passé. Les cérébraux ne semblent pas se fier à leurs expériences premières ; au lieu de cela, ils se fient aux mots qui décrivent ces expériences. C'est ce qui leur donne ce regard circonspect lorsqu' ils sont à la recherche d'une description exacte.

A quels mouvements oculaires reconnaît-on les cérébraux ? En fait, leurs mouvements oculaires semblent être les mêmes que ceux des visuels, des auditifs et des kinesthésiques. Pour résoudre cette difficulté, vous pouvez poser une question ouverte de ce genre : « Quelle est l'expérience la plus intéressante que vous ayez jamais faite ? Quel a été le meilleur jour de votre vie ? » Généralement, ces questions entraînent une série de mouvements oculaires qui, associés au langage du cérébral, vous permettront d'identifier avec précision son système de représentation préféré.

LE CONTEXTE

N'oublions pas que nous allons tous d'un mode à l'autre en fonction du contexte dans lequel nous nous trouvons. Un homme d'affaires peut être à prédominance cérébrale-visuelle au bureau, et kinesthésique à la maison ; ses perceptions auditives sont alors en grande partie inconscientes. Cela semble être en effet la règle pour la plupart des gens ; nous privilégions l'un des modes, l'une des portes de notre perception. Nous en utilisons parfois une seconde, mais la troisième reste fermée la plupart du temps.

Ce n'est pas à partir de leurs mouvements oculaires que vous détecterez les cérébraux, mais à partir de l'ensemble de leurs comportements.

Pour enrichir votre vie, il y a donc un moyen très simple : commencer à ouvrir une troisième porte. Vous imaginez fort bien l'utilité que cela peut avoir d'ajouter un nouveau canal d'information à vos activités quotidiennes. Si vous allez d'une porte à une autre, recueillant par chacune autant d'informations que possible, vous pourrez alors baser vos décisions sur différents types de données (nouvelles images, images mémorisées, nouveaux sons, anciens sons, nouvelles sensations, et anciennes sensations). Le fait d'ouvrir une nouvelle porte permet également de rompre avec votre façon habituelle de recueillir l'information. A elle seule, cette démarche constitue un pas important vers une plus grande prise de conscience sensorielle.

SE SYNCHRONISER SUR LES SYSTÈMES DE REPRÉSENTATION

Le monde dans lequel nous vivons contient une foule d'objets et de gens distincts et/ou reliés entre eux. Cependant, aucun de nous n'agit directement sur ce monde. Nous utilisons nos yeux, nos oreilles, notre nez, notre bouche et notre peau pour percevoir ce monde, puis nous décidons, tantôt consciemment, tantôt inconsciemment, ce qu'il convient de faire de ces perceptions.

Cette carte, retouchée par mes soins, est datée de 1538 et attribuée à Mercator. L'original se réfère au dessin en forme de cœur réalisé par Oronce Fine. L'idée de Fine fut inspirée par la projection de Johann Werner, qu'avait précédée la projection de Bernardus Sylvanus en 1511. Ceci est un exemple de la façon dont nos cartes de la réalité sont influencées et modifiées par les autres.

Carte de la réalité

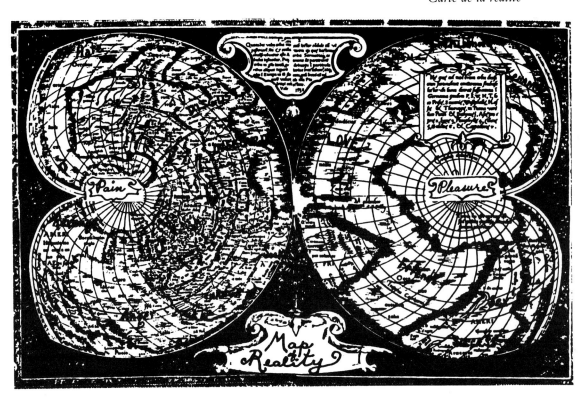

PERCEPTION + PENSÉE ⇒ COMMUNICATION 75

Si vous choisissez soigneusement vos mots afin de vous synchroniser sur le système préféré de l'autre, vos paroles auront plus de poids.

Une fois que ces gens et ces objets ont été perçus et mentalement codés, ce modèle ou cette carte du monde réel détermine nos comportements. Les cartes sont différentes des expériences qu'elles représentent, car les expériences sont codées dans notre cerveau sous forme de sensations visuelles/auditives/kinesthésiques (cette dernière catégorie incluant le goût et l'odorat). Nous utilisons ces représentations pour donner un sens au monde réel dans un processus appelé pensée.

La pensée produit les mots que nous utiliserons après avoir donné un sens à nos perceptions. Il devient plus facile d'influencer les autres dès lors que l'on connaît leur système de représentation préféré, ou celui qu'ils utilisent à un moment donné. Par exemple, une simple phrase telle que « Je vois ce que vous voulez dire » sera efficace avec un visuel. Un auditif entendra mieux des phrases comme « C'est bien ainsi que je l'entends » ou « Cela me dit quelque chose ». Dites à un kinesthésique « Je vous saisis parfaitement » ou « Ça se défend », et il sera convaincu que vous comprenez sa position.

En traduisant vos propres paroles dans le système de représentation préféré et habituel de votre interlocuteur, vous facilitez la communication. L'information que vous transmettez ainsi s'intégrera aisément à sa façon de penser, et il vous comprendra immédiatement, sans avoir à décortiquer ce que vous lui dites. Vous découvrirez peut-être que les personnes qui vous mettent tout de suite à l'aise sont

La traduction peut faire des miracles.

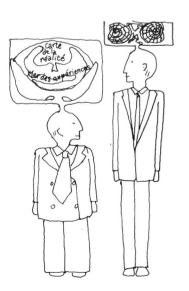

celles qui opèrent dans votre système de représentation. Si vous entrez souvent en conflit avec certaines personnes, c'est peut-être tout simplement parce qu'elles voient la situation à partir d'un autre système de représentation que le vôtre.

L'un de mes stagiaires de New York, au cours d'un séminaire, douta pendant toute une journée de l'utilité des informations qu'on lui présentait. Le soir même, il reçut un coup de téléphone d'une collègue de Phœnix avec laquelle il avait depuis toujours des relations conflictuelles. Chacun restait sur ses positions. Il disait que généralement il raccrochait le téléphone dans un état d'intense frustration. Ce soir-là, après quelques minutes de conversation, elle dit : « Non, je ne vois pas. » Il ressentit comme un choc au plexus solaire

Visuels	Auditifs	Kinesthésiques
image	bruit	contact
clair	note	tenir
faire le point	mettre l'accent	projeter
perspective	sonner	mettre le doigt sur
voir	crier	choc
éclair	râler	agitation
brillant	ton	frapper
point de vue	se faire entendre	faire impression
spectacle	son	bouger
apercevoir	entendre	toucher
tour d'horizon	clair	tâtonner
à courte vue	dire	impact
discerner	éclater	caresser
distinguer	déclic	brancher
illustrer	parasites	dégager
délimiter	fracas	choc
peindre	demander	casser
nuage	corde	aiguiser
clarifier	amplifier	tangible
graphique	harmoniser	aplanir
habiller	accord	irriter
montrer	assourdir	chatouilleux
découvrir	voix	sensible
exposer	composer	saisir
dépeindre	alarmer	porter
écran	grincer	plat

(il était du type kinesthésique) : cette phrase était caractéristique des visuels ! « Attendez une minute », dit-il. Il partit chercher la liste des mots à utiliser avec les visuels. Grâce à ces mots imagés, ils se sentirent pour la première fois sur la même longueur d'onde et prirent une décision commune ; il reposa doucement le combiné.

Le lendemain matin, en arrivant en cours, il n'avait plus la même attitude : il attendait la suite, prêt à tout apprendre. Il avait déjà recopié la liste des mots caractéristiques de chaque système de représentation, et l'avait scotchée sur son bureau, à côté du téléphone.

Quand vous parlez avec les autres, observez le mouvement de leurs yeux. Vers le haut ou dans le vague : images ; en bas à droite : sensations ; partout ailleurs : sons. Ensuite, soyez attentif aux mots qu'ils emploient, déterminez leur système préféré, et utilisez le vocabulaire qui correspond à leur façon de percevoir le monde. Vous comprendrez et influencerez ainsi les autres tout en les respectant. Pendant que vous communiquez, gardez en tête leurs objectifs, de façon à ce que chacun obtienne ce qu'il veut.

EXEMPLE 1 : Mon avenir m'apparaît bien incertain.
Synchronisation
Visuel : Je ne vois pas clairement mon avenir.
Traduction
Auditif : Je ne peux pas me mettre à l'écoute de mon avenir.
Kinesthésique : Je ne sens pas ce qui peut se passer.

EXEMPLE 2 : Sarah ne m'écoute pas.
Synchronisation
Auditif : Sarah devient sourde quand je parle.
Traduction
Visuel : Sarah ne me voit pas, même si je suis là.
Kinesthésique : J'ai le sentiment que Sarah ne sait pas que je suis vivant.

EXEMPLE 3 : Mary est toute retournée le lundi, quand on doit remettre le rapport.
Synchronisation
Kinesthésique : Le lundi, Mary est agitée et nerveuse.
Traduction
Visuel : Mary est dans le brouillard le lundi, quand on doit remettre le rapport.
Auditif : Le lundi, quand on doit remettre le rapport, Mary n'entend plus rien.

Complétez les exemples suivants, afin d'augmenter votre capacité d'identifier les systèmes de représentation. C'est également un bon entraînement en vue d'une utilisation ultérieure : la prochaine fois que vous entendrez l'une de ces phrases, vous saurez déjà que répondre.

L'exercice suivant, que vous effectuerez avec un papier et un crayon, vous indiquera quel est votre système préféré, votre système secondaire, et quel est celui que votre esprit conscient utilise le moins. Cela vous semblera peut-être plus difficile de traduire dans ce dernier système et de vous synchroniser. Amusez-vous à le faire. Le temps que vous y passerez sera rentabilisé dans les vingt-quatre heures.

Entraînement à l'identification et à la traduction des systèmes de représentation

1. Mon patron me marche dessus comme si j'étais un paillasson.
   Synchronisation :
   Traduction :
   Traduction :

2. J'ai le sentiment qu'on ne m'estime pas.
   Synchronisation :
   Traduction :
   Traduction :

3. J'ai du mal à revoir ce problème.
   Synchronisation :
   Traduction :
   Traduction :

4. Je mène ce projet « les doigts dans le nez ».
   Synchronisation :
   Traduction :
   Traduction :

5. C'est une jeune fille très douce.
   Synchronisation :
   Traduction :
   Traduction :

6. Je me demande comment j'ai pu me fourrer là-dedans.
   Synchronisation :
   Traduction :
   Traduction :

7. J'imagine à quoi elle ressemble.
   Synchronisation :
   Traduction :
   Traduction :

8. Quelque chose me dit que je suis en train de commettre une erreur.
   Synchronisation :
   Traduction :
   Traduction :

9. J'ai essayé de saisir ce que mon patron voulait dire.
   Synchronisation :
   Traduction :
   Traduction :

10. Je me suis cassé les dents sur des obstacles inattendus.
    Synchronisation :
    Traduction :
    Traduction :

11. Joe a brossé le tableau du désastre qui nous attend.
    Synchronisation :
    Traduction :
    Traduction :

12. A mon avis, ça sent le roussi.
    Synchronisation :
    Traduction :
    Traduction :

Avant de quitter le « métier enchanté » du cerveau et la tapisserie complexe que vous avons tissée ici, résumons les concepts étudiés dans ce chapitre.

Ce que nous percevons du monde est codé dans notre cerveau sous la forme d'images, de sons, et de sensations. C'est à partir d'eux que nos pensées déterminent notre façon de communiquer. Les mouvements de nos yeux suivent certains schémas selon que nous utilisons des images, des sons ou des sensations. Les mots que nous utilisons pour communiquer reflètent notre système sensoriel préféré : visuel, auditif ou kinesthésique. En traduisant nos pensées dans le vocabulaire caractéristique du système de représentation favori des autres, nous pouvons augmenter le rapport et améliorer notre compréhension mutuelle.

Dessin de CEM
© *1961, The New Yorker Magazine, Inc.*

La réalité n'est pas fixe. La réalité est un puzzle agencé par chacun d'entre nous. Ce puzzle recèle un nombre infini de possibilités et de solutions.

4
L'acuité sensorielle

Nous avons tous un certain niveau de conscience sensorielle que nous utilisons pour recueillir des informations sur les autres. Il vous est probablement déjà arrivé de croiser un supérieur dans un couloir de votre entreprise, et de vous rendre compte que ce n'était pas le moment de lui demander une augmentation. En affinant votre conscience intuitive des autres, vous améliorerez votre communication. Vous serez également capable de prévoir avec une plus grande justesse les réactions des autres face à certains comportements. Lorsque vous saurez faire de bonnes prévisions, il vous suffira de prononcer les mots appropriés pour déclencher la réponse souhaitée. Voici un exemple.

Un été, je donnai une soirée dans mon jardin. L'un des invités vint accompagné d'un ami à lui, que je ne connaissais pas. Comme on nous présentait, celui-ci m'offrit une bouteille de vin. Je le remerciai, et me penchai pour la ranger soigneusement dans un bac à glace, parmi d'autres bouteilles de vin et de bière. En me relevant, l'expression que je vis sur son visage stoppa net mon mouvement. Je me retournai, retirai la bouteille de vin et dis : « Maintenant que j'ai pu voir l'étiquette, je me rends compte que cette bouteille ne doit pas être traitée de la même façon que les autres. Je vais la mettre au réfrigérateur, et nous déciderons plus tard s'il faut la servir au dîner. » Il me regarda comme s'il allait m'embrasser, tant il était soulagé de voir son cadeau apprécié.

Prévoir ce qui lui ferait plaisir était facile à partir du moment où j'avais vu qu'il souffrait de ce que je n'appréciais pas son cadeau à sa juste valeur. Je suis incapable de distinguer un bon vin d'un autre, mais je sais lire les réactions conscientes et inconscientes sur le visage des gens.

L'objet de ce chapitre est de vous aider à comprendre comment passer de la conscience à l'acuité sensorielle. Comme nous l'avons vu dans le chapitre précédent, le fait d'utiliser d'autres portes de perception augmentera votre conscience des informations sensorielles. Chez la plupart des gens l'une des portes est rarement ouverte — l'un des sens est rarement utilisé consciemment. En éveillant votre sens le moins utilisé (qu'il soit visuel, auditif ou kinesthésique), vous pouvez prendre davantage conscience de l'information véhiculée par cette porte, et accéder à une catégorie de données totalement nouvelle.

Commencez par interrompre votre façon habituelle de recueillir l'information.

Vous savez déjà regarder quelqu'un directement dans les yeux pour voir s'il est franc. Essayez autre chose. Au lieu d'écouter ce que disent vos interlocuteurs, écoutez de quelle façon ils parlent. Ecoutez le ton et le rythme de leur voix, observez-en les variations, les séquences, les accentuations.

Entraînez-vous à développer votre acuité sensorielle un quart d'heure par jour pendant une semaine ou deux. Le programme : écouter et regarder attentivement. De par notre éducation, nous avons l'habitude de ne pas dévisager les autres, de ne pas les regarder attentivement ; aussi sommes-nous souvent incapables de voir ou d'entendre toute la gamme des réactions inconscientes des gens. Ces réactions ne peuvent pas être maîtrisées consciemment, ni être décelées facilement par des personnes qui n'y sont pas entraînées. Donnez-vous donc la permission de dévisager les autres pendant les trois prochaines semaines. Faites-le en allant travailler ou déjeuner. Cessez avec une personne si vous vous sentez trop mal à l'aise, puis choisissez quelqu'un d'autre à observer. La plupart des gens ne s'en rendront pas compte. Et même s'ils vous trouvent un peu bizarre, les bénéfices que vous en retirerez en valent la peine.

Les changements d'attitude sont des réactions ; il est important d'observer de tels changements au cours du processus de communication.

Indices oculaires = Identification du système de représentation

Le rapport

Se synchroniser, et amener l'autre à un état plus réceptif

Modifications du tonus musculaire

Les modifications importantes sont faciles à repérer. Les changements subtils le sont moins tant que vos yeux ne sont pas entraînés. Notez les différences que vous remarquez, puis observez page suivante certaines zones particulières.

Modifications du tonus musculaire

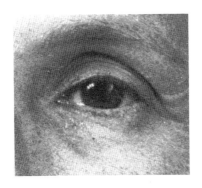
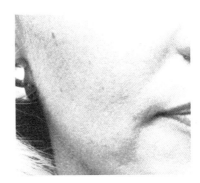
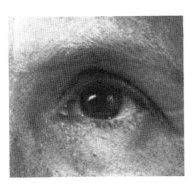
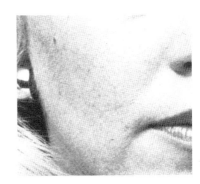
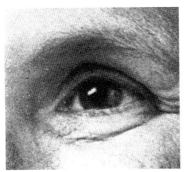
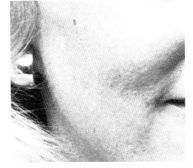

Les modifications de la tension des muscles autour des yeux fournissent quantité d'informations.

Chacun des muscles peut fournir des indices. Dans l'exemple ci-dessus, observez les modifications du tonus musculaire des joues.

Modifications de la lèvre inférieure

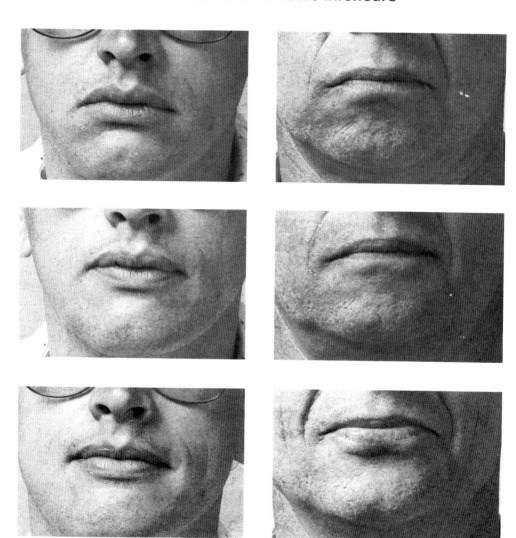

Les changements dans la forme, la taille, la couleur et la tension de la lèvre inférieure peuvent vous donner de précieuses indications sur l'état interne d'une personne.

Qu'allez-vous rechercher ? Les changements ; tout changement chez l'autre signifie qu'il y a réaction. *Nos réactions internes se reflètent systématiquement dans nos comportements externes.* Nos schémas de pensée, l'excitation de nos neurones et de nos dendrites, provoquent corrélativement des réactions sur notre visage et notre corps. Les pensées et émotions internes se manifestent par des expressions et des attitudes corporelles. Les mêmes pensées provoquent toujours, chez une personne donnée, les mêmes réactions externes (mais ces réactions varient d'une personne à l'autre).

La plupart d'entre nous ne voyons pas, faute d'entraînement, ces réactions, à moins qu'elles ne soient évidentes. Les méprises proviennent souvent de ce que l'on interprète mal les quelques réactions aperçues — la mâchoire qui se crispe, le rouge qui monte aux joues, ou les bras que l'on croise — et de ce que l'on néglige les réactions subtiles comme le tonus musculaire, le rythme de la respiration, les infimes modifications de la lèvre inférieure, ou une coloration légèrement différente de la peau.

Je ne peux pas me servir de ma propre expérience pour déterminer ce que signifie pour vous votre changement d'attitude.

Interpréter les changements d'attitude des autres constitue un piège redoutable dans lequel nous risquons tous de tomber. Car les explications que nous donnons des réactions des autres sont basées sur notre propre expérience. Quand je plisse le front, cela signifie une chose ; quand vous faites de même, cela peut avoir un sens totalement différent.

S'il y a seize personnes dans une pièce, il y aura seize façons différentes de coder la réalité et de réagir. Ce n'est que lorsque vous aurez étudié une personne suffisamment longtemps et avec une bonne dose d'acuité sensorielle que vous pourrez interpréter ses réactions. Lorsque vous aurez recueilli suffisamment d'informations pour formuler une hypothèse, vérifiez votre interprétation auprès de cette personne. Faute de quoi vous risquez de vous égarer complètement. N'oubliez jamais cela pendant que vous apprenez à voir, entendre et ressentir différemment.

Pour développer votre acuité sensorielle, vous pouvez également faire comme si vous étiez en train de constituer l'album de photos d'une des personnes qui est à vos côtés. Vous pouvez prendre des photos imaginaires et les mettre en mémoire très rapidement. Si vous commencez à repérer certaines séquences, c'est que vous avez suffisamment de photographies de cette personne. Ces séquences sont faites de répétitions, de contrastes, de rythmes et de changements.

Par exemple, lorsque quelqu'un se sent anxieux, il peut changer de point d'appui et se tripoter une oreille. Ou bien son visage peut prendre par endroits une coloration pâle. A partir du moment où vous commencez à voir ces séquences, vous pouvez en vérifier la signification. Vous pouvez demander, par exemple : « Etiez-vous inquiet quand vous avez refusé le sucre ? » Vous pouvez ajouter pour vous-même : « Et vous êtes devenu tout pâle, avez pris un autre appui et tripoté votre oreille. »

LES RÉACTIONS VISIBLES INCONSCIENTES

Si vous commencez à remarquer des choses que vous n'aviez jamais remarquées auparavant et que vous vous retenez d'interpréter ces changements, vous avancerez d'un pas de géant en influençant les autres avec intégrité. L'acuité sensorielle est la technique la plus importante que vous puissiez apprendre, c'est celle qui vous mènera le plus loin. Voici les quatre réactions inconscientes à observer :
- Les modifications de la couleur de la peau
- Les modifications infimes des muscles
- Les modifications de la lèvre inférieure
- Les modifications de la respiration

La plupart des gens n'éprouvent aucune difficulté à remarquer ces réactions une fois qu'ils savent qu'elles existent. En outre, ces quatre réactions restent en dehors du champ de conscience du sujet et ne peuvent être déguisées ; l'information qu'elles véhiculent est donc particulièrement nette.

Il existe bien évidemment beaucoup d'autres modifications physiologiques hormis ces quatre-là. Lorsque nous parlons, nos attitudes corporelles changent et se manifestent par des signes dont certains sont bien visibles et d'autres plus subtils. Les changements de point d'appui, les inclinaisons de la tête, les mouvements ascendants ou descendants des épaules, les étirements du cou et les gestes des mains font partie des séquences de réactions.

Au cours de votre apprentissage, ces réactions évidentes seront plus faciles à observer que d'autres, plus subtiles. Mais très vite, vous aurez envie de remarquer également ces dernières. En voici quelques exemples. Le grand médecin hypnotiseur Milton Erickson observait les modifications du

Les réactions visibles inconscientes sont de véritables signes de l'état émotionnel d'une personne.

pouls. Des amis ont remarqué que les poils blonds de mes bras se dressent ou non, selon mon état émotionnel. Et un de mes stagiaires raconta qu'il avait observé pendant des années les lobes des oreilles. Très sensibles, les lobes des oreilles : on peut y voir les changements de couleur, la tension et le relâchement. Ce qu'il y a d'intéressant, c'est que personne ne soupçonne ce que vous êtes en train de faire ou de regarder.

Les modifications de la couleur de la peau

Quand Picasso, Braque et d'autres artistes peignaient des visages de forme triangulaire, carrée ou ronde, ils réagissaient peut-être aux différentes couleurs du visage. Ces couleurs existent bel et bien. Lorsque vous commencerez à remarquer cela, vous serez peut-être surpris de n'avoir jamais vu auparavant cette palette de couleurs.

Si vous êtes artiste, vous savez déjà lire sur le teint des gens des nuances de couleurs, qu'elles soient brunes, noires, blanches, rouges ou jaunes. Lorsque, enfant, j'appris toutes les couleurs de peau de l'humanité, je me représentai les habitants des pays lointains avec des visages d'un rouge éclatant ou d'un jaune citron. J'en avais vu des blancs et des noirs, mais les autres avaient acquis ces couleurs par la grâce de mon imagination d'enfant. Si vous pouvez vous laisser aller librement à votre imagination, vous verrez rapidement du bleu, du vert, du gris, du mauve, du rose et du jaune sur les visages qui vous entourent.

Les changements de couleur sont plus faciles à remarquer si vous vous attachez aux contrastes. Observez le contraste entre la couleur du nez et celle du front. Quelle est la plus rose ? Faites de même avec le triangle situé au coin externe de chaque œil et les cernes sous les yeux. Lorsque vous saurez voir les constrastes des différentes parties du visage, vous pourrez remarquer les changements de tons. Les rougeurs, bien sûr ; ça c'est facile. Les autres sont plus subtils. Vous verrez apparaître et disparaître des taches de couleurs.

Après un laps de temps étonnamment court, vous serez capables de *calibrer,* de déterminer à quel état ou processus interne est associée telle couleur. Vous pourrez vous dire : « Oh, son front est blanc comme l'albâtre avec des nuances vertes près des cheveux. Son nez est rose, mêlé de gris autour des narines. Sa peau est gris jaune au coin des lèvres.

Elle pense au gâteau qu'elle va préparer pour le dîner. » Ou bien : « Elle va accepter ma proposition. » Ou encore : « Elle va bientôt aller à Paris. Ça, ce sont ses couleurs quand elle pense à Paris. »

Paris suscite une réaction forte et très nette chez beaucoup d'Américains. Essayez sur un ou plusieurs de vos amis : évoquez une capitale étrangère et découvrez les séquences de couleurs que cela déclenche. Parlez de cette ville, faites-les participer, puis ramenez la conversation sur une ville de votre propre pays. Observez les modifications de couleurs. Peu importe le contenu de votre conversation, concentrez-vous uniquement sur les changements de couleurs. Une fois que vous en aurez décelé quelques-uns, observez la tension et le relâchement des petits muscles autour de la bouche.

Les changements de comportement subtils sont des éléments de communication.

Les infimes modifications des muscles

La tension et le relâchement se voient sur les petits muscles du visage. Ces modifications sont plus évidentes aux coins externes des yeux, autour de la bouche, et au bord du menton. Parfois le nez semble devenir plus pointu. La profondeur d'un pli entre les deux yeux ou en travers du front peut aussi être révélatrice d'un changement interne.

Les modifications de ces muscles sont particulières à chaque individu : elles n'ont pas de sens dans l'absolu. Avec un peu d'entraînement et en vérifiant l'information obtenue, vous apprendrez à détecter ces changements et à savoir, pour un individu donné, à quel processus de communication et à quel type de perception ils correspondent. A la longue vous finirez même par détecter la tension et le relâchement musculaires sur tout le corps.

Les modifications de la lèvre inférieure

Regardez la lèvre inférieure de votre interlocuteur. Prenez-en un maximum de photographies jusqu'à ce que vous commenciez à discerner des séquences : répétitions, différences, similitudes, et les changements flagrants de taille, de forme, de texture, de mouvement ; ou encore les tremblements, la fermeté, la couleur, l'humidité, et le gonflement.

Il est difficile, voire impossible, de maîtriser consciemment la lèvre inférieure. Les indices que vous y percevez viennent directement de l'inconscient de l'autre. Vous pourrez les interpréter correctement lorsque vous aurez

Vous ne pourrez connaître la signification d'un changement particulier que lorsque vous aurez appris à reconnaître l'intégralité d'une séquence, et aurez associé telle séquence à tel état interne, comme la colère, la fascination, la curiosité ou l'impatience.

suffisamment de photographies mentales. Après un temps relativement court, vous pourrez associer certaines de ces photographies aux mots qui ont été prononcés. Ainsi vous pourrez mettre des légendes à ces photos.

Les modifications de la respiration

Nous avons vu au chapitre concernant le rapport qu'il ne fallait surtout pas désespérer si vous ne pouviez voir le mouvement ascendant et descendant de la respiration au niveau du ventre ou de la poitrine. Regardez alors le haut des épaules, et attendez. Vous apercevrez bientôt les manifestations respiratoires.

Les gens respirent dans le haut de la poitrine, dans le bas, au niveau de la ceinture ou dans le bas du ventre. Ils peuvent respirer lentement, rapidement, ou normalement, avec des pauses, et selon des rythmes variés. Si, au cours d'une conversation, la respiration change, c'est qu'il y a eu un changement physiologique. N'oubliez pas qu'il y a des différences d'un individu à l'autre. Mais une chose est sûre : quand la respiration change de rythme, ou ne provient plus du même niveau du corps, c'est que quelque chose a changé pour cette personne.

Quand vous aurez acquis une grande finesse d'observation, vous connaîtrez les réponses à vos questions avant que votre interlocuteur y réponde. Et quand vous aurez deviné sans vous tromper cinq réponses successives, alors vous aurez accompli le premier pas vers la *calibration*. La calibration est l'identification des états internes d'une personne à partir d'indices non verbaux.

Au passage, vous êtes en train d'apprendre ce que font les voyant(e)s avec leur boule de cristal. Ils « voient » si ce qu'ils prédisent est juste en observant l'attitude de leur client en réaction à leurs paroles, et ils modifient leurs révélations magiques jusqu'à ce qu'ils tombent sur la réaction positive : « Je vois un hom...non, c'est une femme, et elle est en pantalon ; une jeune femme brune...non, le brouillard se dissipe... elle est châtain clair, presque blonde. Cette jolie femme conduit une voit...non, elle roule...à vélo. Oui, c'est un vélo. »

Chaque personne réagit différemment, aussi faut-il éviter de généraliser. Entraînez-vous à calibrer avec un minimum de trois personnes avant de passer au prochain exercice.

La calibration est l'une des clés de la communication efficace.

L'ACUITÉ SENSORIELLE

Pour faciliter votre apprentissage de l'acuité sensorielle, voici quelques exercices à pratiquer avec un ami. Si vous y consacrez un peu de temps pendant quelques semaines, vous entendrez et verrez beaucoup plus de choses que vous n'auriez cru possible. Vous en apprendrez beaucoup sur vos amis et vos ennemis. Vos ennemis deviendront peut-être plus sympathiques, si tel est votre souhait. Et peut-être vous sentirez-vous vous-même mieux disposé à leur égard au fur et à mesure que votre perspicacité augmentera.

EXERCICE 1. LE DETECTEUR DE MENSONGE VIVANT

Trouvez quelqu'un pour jouer avec vous. L'exercice sera plus facile avec quelqu'un que vous ne connaissez pas bien — une connaissance plutôt qu'un ami intime, un collègue plutôt que votre conjoint.

Dites à cette personne que vous allez lui poser une série de questions auxquelles elle devra répondre par oui ou par non.

Posez-lui trois questions auxquelles vous savez qu'elle répondra par oui. Par exemple, supposons que votre partenaire s'appelle Jean Dupont, qu'il soit marié, que sa femme se prénomme Odile, qu'ils habitent tous deux à Nocé et possèdent un caniche. Demandez-lui :
— T'appelles-tu Jean Dupont ?
— Habites-tu à Nocé ?
— Es-tu marié ?

Posez-lui ensuite trois questions auxquelles vous savez qu'il répondra par non.
— T'appelles-tu Gérard Dubois ?
— Est-ce que ta femme s'appelle Catherine ?
— Est-ce que tu as quatre dalmatiens ?

Votre tâche est d'observer les changements dans l'expression de son visage, son attitude corporelle et sa respiration au moment où il s'apprête à répondre à vos questions. Retenez les réactions visibles inconscientes qu'il manifeste lorsque la réponse est oui, et comparez-les à ses réactions lorsque la réponse est non. Prenez conscience des différences dans la respiration, la couleur de la peau, la lèvre inférieure, et les imperceptibles mouvements des muscles.

Continuez à alterner les questions auxquelles on vous répondra par l'affirmative et la négative, jusqu'à ce que vous soyez sûr de pouvoir distinguer les différentes réactions. A ce moment-là, posez des questions pour lesquelles vous ne connaissez pas la réponse. Par exemple :
— As-tu fait des études scientifiques ?
— Avais-tu les cheveux longs à vingt ans ?
— As-tu jamais eu envie d'aller à Istanbul ?
— Est-ce que ta mère est plus âgée que ton père ?
— As-tu déjà eu une moto ?

Tâchez de « deviner » la réponse en utilisant votre toute nouvelle perception sensorielle — votre « extra-lucidité ». Puis vérifiez la justesse de vos prédictions.

EXERCICE 2. LA TRAHISON DE LA LEVRE INFERIEURE

Consacrez un jour entier à observer les lèvres inférieures. Chaque moment que vous pourrez prendre sur vos obligations devra être consacré à surveiller les lèvres inférieures. Concentrez-vous sur les changements de la lèvre inférieure de chacune des personnes à qui vous parlerez ce jour-là. N'essayez pas de donner une signification à ces différents comportements. Contentez-vous de remarquer les modifications dans la taille, la couleur, la forme, les bords, l'épaisseur, la minceur, l'étirement, le retournement, la courbure. Après quelque temps de cette étrange activité, vous remarquerez les infimes modifications qui révèlent les séquences de réactions inconscientes.

EXERCICE 3. TOUTE LA PALETTE DES COULEURS NATURELLES DE LA PEAU

Laissez passer une journée, pendant laquelle vous essayerez de ne pas regarder les lèvres inférieures. Puis attachez-vous aux couleurs que vous n'aviez jamais remarquées auparavant. Faites comme si vous étiez Picasso. Commencez par repérer sur les visages les zones qui vous ont toujours parues roses, marron ou beiges. Puis, avec l'imagination d'un Picasso, vous remarquerez que les visages ne sont pas monochromes. Non seulement un visage présente des taches et des points de couleur grise, verte, mauve ou jaune, mais de plus les couleurs varient et changent de place lorsque les gens parlent. Faites comme si vous peigniez le portrait — en couleurs — de chacune des personnes que vous rencontrez. Quelles couleurs voyez-vous ?

EXERCICE 4. LES IMPERCEPTIBLES MOUVEMENTS MUSCULAIRES

Tout le monde peut voir une grimace ou un sourire, mais pour voir les imperceptibles changements qui se produisent à la mâchoire, aux coins des lèvres et autour des yeux, il faut plus d'habileté — habileté que vous pouvez acquérir. Apprendre l'acuité sensorielle, c'est comme apprendre à jouer du piano. Vous apprenez les notes, puis les séquences et les diverses combinaisons ; finalement, après beaucoup d'entraînement, vous devenez pianiste. Se concentrer pendant une journée sur les imperceptibles changements musculaires peut suffire ; sinon, consacrez-y deux jours, jusqu'à ce que vous soyez suffisamment fort pour passer à l'étape suivante — repérer les modifications de la respiration.

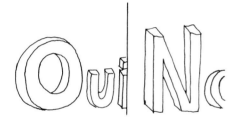

Si, au bout d'une journée d'observation des couleurs, vous avez remarqué dix taches de couleurs que vous n'auriez pas vues auparavant, passez à l'exercice 4. Sinon, continuez à jouer à Picasso pendant encore un jour ou deux.

Accroître la perception des couleurs est parfois difficile. Pour vous y aider, demandez-vous quelles sont les couleurs qui pourraient se trouver sur les visages. Dans tous les cas, après trois jours dans le rôle de Picasso, passez à l'exercice suivant.

EXERCICE 5. REGARDER L'ESPRIT

Les Grecs pensaient que le souffle et l'esprit étaient une seule et même chose. Vous pourrez apprendre beaucoup au sujet de l'esprit en observant les séquences respiratoires, et leurs changements. Concentrez-vous au moins une journée sur la respiration. Si les personnes de votre entourage portent une veste, il vous faudra peut-être observer le haut de leurs épaules, pour les voir monter et descendre. Si elles portent plusieurs épaisseurs de vêtements, cela sera plus difficile de suivre leur respiration. Quand vous serez devenu expert en observation de l'esprit, vous pourrez mettre à profit cette technique dans les exercices sur le rapport. Notre respiration est très révélatrice de la façon dont nous réagissons aux situations.

EXERCICE 6. A L'ECOUTE DES SONS

Il y a un excellent moyen pour en apprendre davantage sur le son de la voix, et sur ce que signifient les changements de débit, de ton et de volume : c'est d'écouter à la radio ou à la télévision une émission en langue étrangère, dans une langue que vous ne connaissez pas. Ainsi vous ne serez pas perturbé par le contenu de l'émission, et pourrez prêter une attention exclusive aux sons. Commencez par faire attention au débit, à la vitesse à laquelle parlent les gens : rapidement ou lentement ? Font-ils des pauses ? Longues ou courtes ? Régulières ou non ?

Après avoir écouté pendant un certain temps, essayez de deviner ce que le débit révèle du contenu. Notez les changements de rythme, et devinez la raison de ces changements. Vous vous tromperez peut-être, mais cela n'a pas d'importance. L'essentiel est d'apprendre à percevoir des changements que vous n'auriez pas remarqués auparavant, et de reconnaître que ces changements ont une signification dans le processus de communication. Plus tard, quand vous vous exercerez à écouter les voix de vos amis, vous pourrez vérifier auprès d'eux la justesse de vos interprétations.

Lorsque vous aurez repéré le débit des présentateurs de radio ou de télévision, fredonnez n'importe quoi, mais au même rythme qu'eux. Lorsque vous parviendrez à imiter le rythme, synchronisez-vous également sur les variations de ton et de volume.

Maintenant, vous voici prêt pour l'étape suivante.

Vous allez reprendre ces exercices avec une station de radio ou une chaîne de télévision française. Dans un premier temps, ne vous préoccupez pas du contenu des émissions. Puis synchronisez-vous sur le rythme, en le fredonnant, tout en écoutant ce qui se dit. Votre but est de vous synchroniser, simultanément ou alors très rapidement, sur le rythme, sur le ton et d'écouter le contenu. Vous verrez que c'est possible et que vous en tirerez profit.

EXERCICE 7. SYNCHRONISATION DE LA VOIX

Vous avez besoin, pour faire cet exercice, d'un ami qui cherche lui aussi à accroître son acuité sensorielle. Il(elle) doit vous raconter pendant trois minutes une histoire, et vous, vous écoutez. Puis vous racontez à votre tour la même histoire avec le rythme, le ton, et le volume de voix de votre ami(e). Le contenu a moins d'importance que le fait de se synchroniser sur les sons.

Il est utile de s'adjoindre une troisième personne pour effectuer cet exercice. Elle vous dira si votre synchronisation était suffisamment proche de la réalité. Si vous n'êtes que deux, alternez les rôles de sorte que chacun de vous puisse raconter l'histoire, puis se synchroniser. Vous apprendrez beaucoup. Faites cela jusqu'à ce que vous soyez satisfait de votre prestation.

Si cet exercice vous semble trop difficile à effectuer d'emblée, dites à votre ami de vous tourner le dos ; ainsi, lorsque vous répéterez l'histoire, vous ne serez pas distrait par les expressions de son visage. Ou alors, synchronisez-vous sur le ton, le rythme et le volume de sa voix sans vous préoccuper du contenu de l'histoire, en prononçant des phrases sans queue ni tête ou en fredonnant.

Votre but est de maîtriser le contenu tout en vous synchronisant sur le ton, le rythme et le volume de la voix.

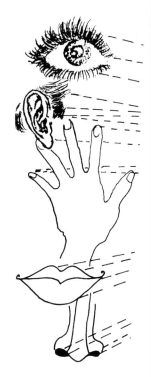

NOUS SÉLECTIONNONS CE QUE NOUS VOYONS ENTENDONS SENTONS

LES BÉNÉFICES DE L'ACUITÉ SENSORIELLE

Pourquoi développer votre acuité sensorielle ? C'est la base sur laquelle repose tout l'art de la communication. Vous avez besoin d'acuité sensorielle pour établir le rapport. Vous en avez besoin pour savoir si vous avez perdu le rapport. Vous en avez besoin pour lire les indices qui vous conduiront à votre destination. Certains indices vous diront que vous faites fausse route, et que vous devez faire demi-tour si vous voulez atteindre votre objectif. Etre capable de reconnaître que vous n'êtes plus sur la bonne trajectoire et allez droit dans le fossé est très utile lorsque vous êtes dans une situation de communication complexe. Avec une acuité sensorielle améliorée, vous vous apercevrez que vous devez absolument faire quelque chose pour éviter ce fossé.

Ce qu'il y a de merveilleux avec une acuité sensorielle développée c'est que vous pouvez savoir, au moment même où votre partenaire s'en aperçoit, que quelque chose a changé. Si ce changement est utile pour adapter vos objectifs respectifs, alors vous pouvez intensifier ce que vous faisiez et qui a provoqué ce changement. Dans le cas contraire, vous avez été averti par votre interlocuteur de la nécessité de modifier votre attitude.

Quand vous communiquez, vous voulez être dans l'état optimum pour atteindre vos objectifs ; vous voulez que votre partenaire le soit également, pour qu'il puisse lui aussi atteindre ses objectifs. Avec l'acuité sensorielle vous pouvez reconnaître cet état d'excellence et êtes capable de le susciter. Avec l'acuité sensorielle, vous pouvez acquérir un pouvoir : celui de faire en sorte que quelqu'un se sente mieux dans sa peau après vous avoir rencontré qu'avant.

La capacité de remarquer les modifications sensorielles des autres vous permet de savoir à quel moment votre interlocuteur réagit à vous et à vos objectifs.

Susciter chez autrui un état optimum, c'est communiquer avec courtoisie.

Nous avons structuré les techniques conduisant à l'excellence en communication en une suite de leçons courtes, et avons réparti les exercices de façon que vous puissiez les intégrer dans vos activités quotidiennes ; mais il vous faudra peut-être vous exercer à ces techniques plus de trois minutes par jour. Les satisfactions que l'on peut en retirer sont souvent immédiates, et peuvent être suffisamment fortes pour vous inciter à rompre avec les habitudes de toute une vie, afin d'atteindre vos objectifs. Si vous continuez à faire comme par le passé, vous continuerez à obtenir les mêmes résultats. Essayez ces nouvelles façons de voir et d'entendre, et profitez des bénéfices que vous apportent ces nouveaux objectifs.

5
La main aux cinq pointeurs

Il est temps de tenir compte des mots, et du sens qu'ils peuvent avoir dans un contexte donné. Les mots sont le contenu de la communication. Jusqu'à présent, nous nous sommes préoccupés du mécanisme de la communication, mais pas de son contenu. Selon des experts en linguistique tels que Mehrabian et Birdwhistell, le contenu a beaucoup moins d'importance que les expressions du visage, les attitudes corporelles et le son de la voix (ton, timbre, rythme, volume). Il n'empêche qu'il a son importance, car il nous faut bien comprendre ce que l'autre veut dire. Il est particulièrement important de se comprendre mutuellement au cours d'une réunion professionnelle, que celle-ci réunisse deux ou vingt personnes. Le prochain chapitre vous donnera des méthodes pour abréger le temps que vous passez en réunions. Mais pour pouvoir utiliser ces méthodes, vous devez connaître l'existence de cinq questions clés, appelées *pointeurs*. Elles font l'objet de ce chapitre.

Les pointeurs ont une parenté remarquable. Leurs arrière-grands-parents sont Alfred Korzybski et Noam Chomsky. Korzybski fit remarquer que la carte d'un endroit quelconque n'est pas la même chose que le territoire

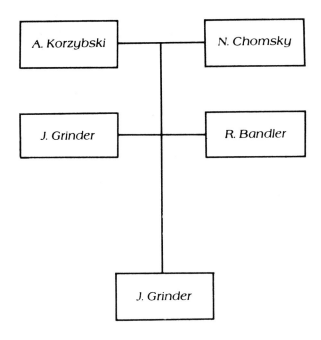

qu'elle représente, et que le mot n'est pas la chose nommée. Nous savons tous que le mot « chat » n'est pas la même chose qu'un petit chat à poils blancs qui ronronne, mais nous oublions parfois que la « carte » du mot chat est insuffisante pour englober tous les chats de la Terre, les panthères, les tigres, et les lions qui peuvent peupler le territoire.

Chomsky ajouta l'idée que des cartes mentales de la réalité appauvries et inadaptées sont le résultat de défaillances dans nos processus de perception et de pensée.

John Grinder et Richard Bandler devinrent les grands-parents des pointeurs quand ils se saisirent des idées précédentes, les développèrent, et créèrent le méta-modèle pour expliquer le fonctionnement du langage. Les explications de Korzybski et de Chomsky étaient si complexes que leurs idées ne furent guère utiles jusqu'à ce que Bandler et Grinder proposent le méta-modèle. A l'origine, le méta-modèle remplissait deux livres, les volumes I et II de « La Structure du Magique » (*The Structure of Magic*). John Grinder seul devint le père des pointeurs en réduisant ces deux livres à cinq questions.

Ces cinq questions clés, les pointeurs, sont la série de mots la plus utile qu'il vous sera jamais donné d'apprendre.

C'est une affirmation grave ; je crois qu'elle est vraie. Si vous voulez savoir ce que les mots employés par autrui veulent réellement dire, et de quelle façon le comportement est influencé par le mode de pensée, ces cinq questions vous apporteront la réponse.

Les deux premiers pointeurs permettent de clarifier les noms et les verbes imprécis. Les questions du troisième pointeur concernent les obligations, comme « doit », « ne doit pas ». Le quatrième pointeur concerne les généralisations. Le cinquième permet d'intervenir sur les comparatifs pour lesquels il manque l'antécédent (comme dans « mieux »).

APPRENDRE PAR LA MÉTHODE SYNTONIQUE

Je vous invite à étudier les cinq pointeurs d'une façon différente : en faisant appel à vos trois sens principaux, la vue, l'ouïe et la sensation. Ce processus, qui consiste à accélérer l'apprentissage par la syntonie, est basé sur la découverte que c'est par une pédagogie intégrant l'expérience que l'on apprend le plus facilement. En mobilisant vos trois sens, vous apprendrez rapidement à utiliser les pointeurs. Identifier le moment où vous devez recourir à un pointeur, et formuler la question adéquate deviendront des automatismes, au même titre que faire du vélo ou tourner le volant de votre voiture.

Si vous jouez au tennis, vous savez que lorsque la balle arrive sur vous, vous ramenez la raquette pour frapper la balle, apparemment sans qu'aucune pensée n'ait traversé votre esprit. L'apprentissage semble ancré dans votre corps. Si vous faites les exercices des pages suivantes, vous pourrez ancrer dans vos doigts l'information concernant les pointeurs, de façon telle que vos doigts penseront à votre place. Réagir automatiquement aux obscurités du langage libérera votre esprit et le rendra disponible pour d'autres aspects de la communication.

POINTEUR N° 1 : LES NOMS

Le premier pointeur sert à définir les noms. Les dictionnaires nous font croire que les mots ont des significations stables, définies une fois pour toutes ; mais les définitions qu'ils nous donnent n'ont pas de valeur absolue. Notre cerveau stocke l'information de telle sorte que ces significations supposées stables sont modifiées par nos expériences et nos espoirs. Par conséquent, les sens consacrés par les dictionnaires n'ont qu'une valeur limitée dans les conversations quotidiennes : il y a pour chaque nom autant de définitions que de personnes utilisant ces noms.

Par exemple, si trois personnes parlent de « productivité », ce mot aura trois significations. L'une des personnes envisagera la productivité horaire, l'autre le personnel nécessaire, la troisième les machines. Si vous entendez parler d'« accroissement de productivité », de « bénéfices de l'exercice actuel », de « résultats finals » ou de tout autre nom imprécis, vous aurez besoin du pointeur n°1 pour vous assurer que chaque personne sait ce que veut dire ce nom et a la certitude que les autres partagent cette définition, au moins provisoirement.

Utilisez le pointeur n° 1 pour les noms imprécis

Les pointeurs sont des questions. Pour reconnaître la nécessité de recourir au pointeur n°1, vous devez pouvoir identifier un nom imprécis. Dans un premier temps, vous allez donc apprendre à vos doigts à identifier certains mots. Puis vous apprendrez les questions correspondantes.

Première étape : Identification

Placez votre main gauche sur le dessin d'une main gauche (page 99). Puis soulevez votre index tout en imaginant que le mot « nom » est inscrit dessus ; en même temps, dites « nom » à haute voix. Si vous trouvez que faire cela est aussi difficile que de vous frotter le ventre d'une main tout en vous tapotant la tête de l'autre, contentez-vous d'enchaîner très rapidement les trois actions. Faites cela trois fois de suite.

Deuxième étape : Réponse

Placez votre main droite sur le dessin correspondant (page 101). Soulevez votre index tout en prononçant la

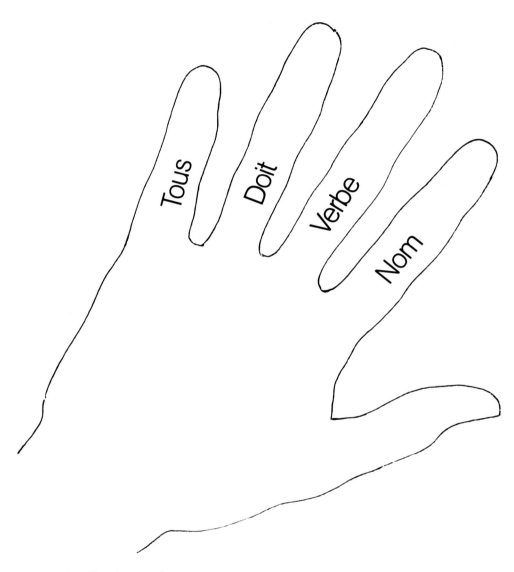

La main identificatrice. (Rien n'est inscrit sur le pouce, pour indiquer la moindre importance du cinquième pointeur, le comparatif.)

question :« Quel nom précisément ? »En même temps, imaginez le mot « Quel » inscrit sur votre index.

Troisième étape : Identification-réponse

Placez vos deux mains sur le dessin des deux mains (page 102, n'ayez crainte, personne ne vous voit). Soulevez l'index de la main gauche, imaginez le mot « nom » inscrit dessus, et enchaînez : dites « nom » à haute voix, soulevez l'index de la main droite, dites « Quel nom précisément ? » tout en imaginant le mot « Quel » sur votre index droit. Une seule fois sera peut-être suffisante pour que cet apprentissage d'un stimulus-réponse devienne un réflexe de votre système nerveux. Sinon, répétez l'opération trois fois.

Maintenant, si cet apprentissage est vraiment devenu un automatisme, voici ce qui se passera : lorsqu'un nom imprécis apparaîtra dans une conversation, votre index gauche se contractera, puis votre index droit, et la question jaillira immédiatement : « Quel nom précisément ? »

Prenons un exemple. Votre assistant vous dit : « Je veux changer de travail. » Vos doigts réagissent, et vous répondez naturellement : « Quel travail voulez-vous précisément ? »

Selon les circonstances, il se peut que vous deviez attendre un moment plus favorable pour poser votre question, plutôt que de la poser à l'instant même où le nom imprécis apparaît. Votre bon sens vous guidera. Si vous décidez d'attendre un peu, souvenez-vous que vous ne connaîtrez pas le sens du terme employé par l'autre tant que vous ne lui aurez pas posé la question... et n'oubliez pas de le faire dès que possible.

Même si vous vous estimez capable de deviner le sens d'un mot, ne comptez pas là-dessus. N'oubliez pas que nous avons tous en mémoire des expériences différentes, et que ce sont ces expériences qui déterminent le sens que nous donnons aux mots. Nos cartes de la réalité sont différentes. Le même mot renvoie à des expériences différentes, et c'est de là que proviennent la plupart des problèmes de communication. Les cinq pointeurs, s'ils sont utilisés souvent et avec discernement, dénoueront ces nœuds de la communication.

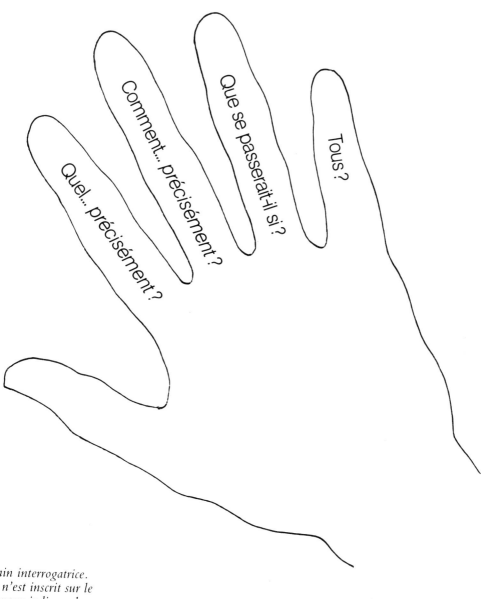

La main interrogatrice. (Rien n'est inscrit sur le pouce pour indiquer la moindre importance du cinquième pointeur, le comparatif.)

La main identificatrice et la main interrogatrice

POINTEUR N° 2 : LES VERBES

Le second pointeur doit être utilisé avec les verbes. Une fois que toute connotation superflue a été éliminée des noms, nous procédons de même avec les verbes. Pour apprendre et automatiser rapidement le pointeur verbe, prenez la main identificatrice et la main interrogatrice, et faites avec les majeurs et les verbes imprécis ce que vous avez fait avec les index et les noms : la question ancrée sur votre majeur droit sera : « Comment (verbe) précisément ? » Quand vous aurez fait cela trois fois, vos doigts auront appris à se servir des deux premiers pointeurs. Sinon, reprenez cette séquence pendant quelques minutes, jusqu'à ce que vous ayez créé le nouveau réflexe.

Un exemple :

« Je vais préparer ce rapport pour le 12. » Après une ou deux contractions des doigts, vous pouvez répliquer :« Comment, précisément, comptez-vous préparer ce rapport ? » Vous vous attendez peut-être à un rapport verbal, alors que votre employé a prévu de vous remettre un texte imprimé, agrémenté de graphiques et d'illustrations en couleurs. Qui le sait ? Votre employé. Il vaut mieux que vous en soyez informé dès maintenant plutôt que le 12.

Les deux premiers pointeurs permettent de découvrir les significations propres à chaque individu. Les deux pointeurs suivants n'ont pas pour fonction de préciser le sens des mots, mais de mettre en lumière les failles, les manques ou les erreurs de raisonnement ; les vôtres ou ceux d'autrui. Nous avons pour la plupart des habitudes de pensée qui sont loin d'être optimales. Les suppressions, distorsions et généralisations sont des erreurs gravées sur notre carte de la réalité, qui nous empêchent souvent de voir la solution de nos problèmes. Ces solutions sont en général évidentes pour quelqu'un d'autre. Ne vous est-il jamais arrivé de raconter à un ami un de vos problèmes, et de l'entendre vous proposer immédiatement une solution à laquelle vous n'aviez pas pensé ? Ces deux pointeurs peuvent être vos amis exactement de cette façon.

Utilisez le pointeur n° 2 pour les verbes imprécis.

POINTEUR N° 3 : LES OBLIGATIONS

Vous aurez besoin d'un pointeur amical lorsque vous rencontrerez des mots tels que « doit » ou « ne doit pas », « devrait » ou « ne devrait pas », « il faut », « ne peut pas ». Ces mots, appelés en linguistique *opérateurs modaux*, indiquent des obligations qui peuvent être légitimes ou non. Les obligations, de même que les limitations, sont des barrières que nous élevons tout autour de nos possibilités d'action. Au-delà de ces barrières — au-delà de notre conscience — se trouvent d'autres possibilités de comportements, mais nous n'y prêtons pas attention car nous avons accepté les limites imposées. Ces obligations deviennent alors des lois aussi absolues que le fait que le Soleil se lève à l'ouest ; nous les avons acceptées comme faisant partie intégrante du monde, même si elles ont été imposées par un responsable qui se référait à un règlement datant de 1890.

Ecrites ou non écrites, ces obligations devraient être réévaluées de temps à autre, pour s'assurer qu'elles sont toujours nécessaires et adaptées à la situation présente. Des obligations qui ne sont plus valables entraînent un gaspillage de temps, de matières premières, et finalement d'argent pour votre entreprise. Aussi vous allez apprendre à votre annulaire à identifier les « doit/ne doit pas », de la même façon que vous avez appris aux autres doigts à réagir aux mots imprécis. Prenez les dessins des mains, positionnez les vôtres ; soulevez simplement votre annulaire tout en prononçant distinctement « doit, ne doit pas ». Imaginez en même temps le mot « doit » inscrit sur votre annulaire gauche. Faites cela trois fois : soulevez le doigt, dites « doit, ne doit pas » ; soulevez, dites « doit, ne doit pas » ; soulevez, dites « doit, ne doit pas ».

La question pointeur qui remet en question ce « doit » est la suivante : « Que se passerait-il si vous ne le faisiez pas ? » Celle qui remet en question le « ne doit pas » est : « Que se passerait-il si vous le faisiez ? » Ancrez ces questions sur votre annulaire droit.

Vous voici prêt à affronter l'une des plus insidieuses façons par lesquelles nous limitons nos actions. « Doit » et « ne doit pas » sont des drapeaux rouges signalant que notre mode de pensée a limité nos comportements, et pas forcément légitimement. Le troisième pointeur vérifie très rapidement la validité de votre limite, et peut vous permettre

Utilisez le pointeur n°3 pour doit, ne doit pas, il faut, il ne faut pas, ne peut pas.

En interrogeant les autres sur leurs obligations, et en nous interrogeant nous-mêmes sur les obligations que nous avons intégrées, nous faisons apparaître de nouvelles options, de nouveaux choix.

d'envisager des choix surprenants. Il en sera de même pour tous les amis que vous ferez bénéficier de ce pointeur.

Exemple : « Nous devons toujours avoir terminé le rapport financier le premier du mois. » Troisième pointeur : « Que se passerait-il si nous ne le faisions pas ? »

Mais attention : utilisez tant que vous voulez ces deux derniers pointeurs sur vous-même, mais soyez très prudent quand vous les utilisez avec les autres. La conversation suivante pourrait vous valoir quelques ennuis :

« Vous ne pouvez avoir trois semaines de vacances. »
« Que se passerait-il si je les prenais ? »

Gardez en tête vos objectifs à long terme aussi bien qu'à court terme. La réponse précédente pourrait vous valoir des vacances permanentes.

Le troisième pointeur, lorsqu'il est utilisé judicieusement, a le pouvoir de faire émerger les objectifs et d'augmenter le nombre de solutions possibles. A la suite de la conversation ci-dessus, vous pouvez par exemple décider de chercher un autre travail qui vous permettra de prendre trois semaines de vacances. Ou bien de trouver un moyen pour accroître votre rendement. Dans un cabinet d'avocat, une des secrétaires avait l'habitude de laisser une marge de vingt lignes au bas des documents dactylographiés. Elle était efficace, et quelques années plus tard devint chef de bureau et responsable du pool des dactylos. Celles qui travaillaient sous ses ordres adoptèrent le même format de documents. Dix ans plus tard, une nouvelle dactylo, curieuse par nature, demanda pourquoi les documents officiels avaient de si grandes marges en bas. Personne ne sut répondre. Finalement, quelqu'un posa la question au chef de bureau. Elle rit, et dit : « Oh, il y a dix ans, nos photocopieuses n'auraient pu reproduire des pages d'un autre format. »

Dans cette situation, le pointeur n°3 aurait pu amener la question : « Que se passerait-il si nos textes occupaient toute la page ? »

Voici quelques autres exemples de l'utilisation du troisième pointeur. « Le règlement de notre compagnie veut que nous pointions à 8 h, à midi, à 13 h et à 17 h ». Le « règlement de la compagnie » est synonyme de « nous devons ». Que se passerait-il si nous ne le faisions pas ? Si les gens n'étaient pas traités comme des machines, la productivité pourrait augmenter. Ou bien elle pourrait baisser.

Tant que la question n'a pas été posée, ces options demeurent inexplorées.

Autre genre de « vérité » acceptée : « Pour réussir en affaires, il faut avoir fait des études. » Que se passerait-il si vous n'en faisiez pas ? Je connais quelqu'un qui amassa un million de dollars grâce à des opérations immobilières pendant les années où ses parents essayaient désespérément de lui faire suivre des études. Aujourd'hui, il en fait, et dans le luxe.

Comme tout outil efficace, le troisième pointeur est dangereux s'il est mal utilisé. A l'époque où les pointeurs portaient toujours le nom de méta-modèle, l'un de ses fondateurs, John Grinder, était chargé d'un cours de linguistique à l'Université de Santa Cruz, en Californie. Les étudiants entendirent parler de ces nouvelles techniques fabuleuses, et réclamèrent une conférence spéciale pour les apprendre. Un vendredi, Grinder leur enseigna donc le méta-modèle, sujet trop récent pour être inscrit au programme de leurs études. Il les avertit que ces questions étaient puissantes et devaient être utilisées avec délicatesse.

Les étudiants ne tinrent pas compte de ses paroles. Lorsqu'ils revinrent en classe le lundi suivant, ils étaient abattus, déprimés, désespérés. Durant tout le week-end, ils avaient

LA MAIN AUX CINQ POINTEURS 107

Quelques adoucissants : Je ne suis pas sûr d'avoir bien compris...Serait-il possible de connaître... Pourriez-vous me dire.....

bombardé leurs amis et leurs proches de ces questions, et s'étaient mis à dos presque tous ceux qui comptaient dans leur vie.

Ces questions sont pointues comme des lances, aussi acérées que les joutes verbales d'un contre-interrogatoire. Les gens n'acceptent pas volontiers qu'on étale les limites de leur pensée. Utilisez les pointeurs après avoir établi le rapport, et faites attention aux réactions des autres. Cessez dès que vous voyez apparaître des signes de colère — sauf si vous souhaitez qu'ils se mettent en colère. Si tel est votre objectif, les pointeurs sont l'outil idéal. Mais si vous voulez conserver vos supérieurs hiérarchiques — et votre travail —, nuancez ainsi vos phrases :

« Je ne suis pas sûr(e) d'avoir bien compris ce que vous entendez exactement par... »

« Serait-il possible de connaître..... »

« Pourriez-vous me dire comment, précisément....... »

Puis observez attentivement votre interlocuteur pour voir quelles réactions ont provoquées les pointeurs. N'oubliez jamais de maintenir le rapport. Sans lui, aucune communication ne serait totalement réussie.

POINTEUR N° 4 : LES GÉNÉRALISATIONS

Le quatrième pointeur a pour fonction de mettre à nu les erreurs de raisonnement induites par les *généralisations*. La généralisation est un mécanisme de pensée naturel qui nous permet, par exemple, d'ouvrir n'importe quelle porte sans avoir à penser. Une fois que nous savons à quoi sert une porte et comment tourner sa poignée, nous généralisons cette information à toutes les portes, et les ouvrons alors sans y penser. Notre corps, nos mains ont intégré cet apprentissage. De toute évidence, nous avons besoin de généraliser pour nous orienter dans le monde. Ce serait gênant s'il fallait constamment réapprendre à ouvrir les portes.

D'un autre côté, une généralisation inexacte peut engendrer de la souffrance et des limitations du comportement qui n'ont pas lieu d'être. Nous généralisons quand nous nous basons sur une ou plusieurs expériences pour décider que toutes les expériences futures qui présenteront des caractéristiques semblables reproduiront le même scénario. Par exemple, si nous avons affaire à trois patrons sévères et inflexibles, nous pouvons décider que tous les patrons sont inflexibles et nous créerons des problèmes. Peu importe que nous rencontrions par la suite une pléiade de patrons souples et sympathiques ; nous redouterons d'emblée n'importe quel patron.

Le même processus de généralisation peut se produire quand une entreprise réduit son personnel, laissant des gens sans travail. La généralisation peut les empêcher à tout jamais de prendre le risque d'être à nouveau licenciés.

La généralisation, appliquée à une expérience particulièrement terrifiante, peut avoir pour conséquence que la personne se sente persécutée par le monde entier. Bien sûr, il s'agit là d'une réaction extrême. Les réactions les plus courantes sont du genre : « Je ne peux pas trouver un travail où l'on m'apprécie », ou bien : « Mieux vaut toucher des allocations de chômage plutôt que de prendre le risque d'être licencié une seconde fois. »

Le petit doigt — pointeur n° 4 — peut déconnecter quelqu'un de ses expériences passées, le relier au présent en lui

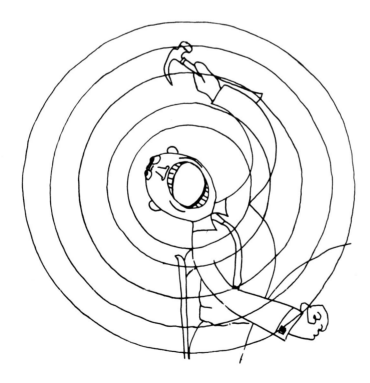

Généralisation : tous les patrons sont difficiles, voire impossibles.

Nos propres généralisations déforment souvent nos cartes de la réalité, et nous empêchent d'établir des distinctions — un patron sympathique, une entreprise qui se développe —, distinctions qui nous permettraient d'avoir accès à un plus large éventail de choix, quelle que soit la situation.

faisant voir les détails et en enrichissant sa pensée. La richesse d'informations sensorielles élargit les possibilités de choix basés sur la conscience — choix qui ne seraient peut-être pas accessibles dans le cadre de la généralisation.

Des mots tels que « tout », « chaque », « toujours », vous signaleront les généralisations. La plupart du temps ces mots mentent. Un très petit nombre de généralisations sont vraies dans toutes les situations. Quand nous généralisons, nous ne tenons pas compte des exceptions à la règle. Et ces exceptions sont des possibilités de comportement négligées. Les généralisations nous limitent toujours. Toujours ? Non, pas toujours. Les généralisations telles que « tout », « chaque » et « toujours » peuvent bloquer les voies permettant de se tirer d'affaire, et nous empêcher d'apercevoir ou d'examiner attentivement d'éventuelles solutions.

Généralisation : tous les hommes sont des séducteurs et des baratineurs.

Généralisation : toutes les femmes sont faciles ; il y en a certaines qu'il faut épouser.

« Jamais » est une autre généralisation qui limite les possibilités. Par exemple, « Nous ne nommons jamais de femme à l'échelon le plus élevé » devrait faire se lever deux de vos doigts. Votre annulaire se contracte pendant qu'une voix intérieure dit : « Que se passerait-il si vous le faisiez ? » La formulation employée pour généraliser au sujet des femmes sous-entend un opérateur modal : « Les femmes ne doivent pas accéder à l'échelon le plus élevé. » Nous sommes ici en présence d'une double faille du raisonnement : un « ne doit pas » en même temps qu'une généralisation. Ceci déforme profondément la réalité.

Si vous choisissez de vous attaquer à la généralisation, vous répondez simplement, sur un ton interrogatif : « Jamais ? »

Le « on », pronom indéfini, indique aussi une généralisation, comme dans « on dit que les secrétaires ne doivent pas porter de pantalons au bureau », ou « on dit que ses assistants ne restent jamais longtemps ». Trouver qui est désigné par ce « on » est tout aussi éclairant que de vérifier le bien-fondé de cette généralisation. « On » peut très bien être le vendeur de café qui a effectué une livraison la semaine dernière.

Utilisez le pointeur n° 4 avec tout, tous, chaque, chacun, toujours, jamais, on dit, tout le monde.

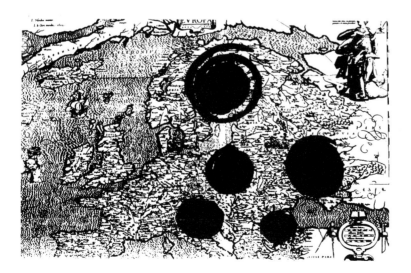

Les pointeurs éclairent les failles des cartes de la réalité.

Le processus d'apprentissage du petit doigt est le suivant :

MAIN GAUCHE DITES-VOUS	MAIN DROITE ACTION	DIRE	VOIR SUR SON DOIGT
« Tous »	Soulever le doigt	« Tous ? »	Imaginer le mot *Tous*
« Toujours »	Soulever le doigt	« Toujours ? »	Imaginer le mot *Toujours*
« Tout le monde »	Soulever le doigt	« Tout le monde ? »	Imaginer les mots *Tout le monde*
« Jamais »	Soulever le doigt	« Jamais ? »	Imaginer le mot *Jamais*
« On »	Soulever le doigt	« On ? »	Imaginer le mot *On*

POINTEUR N°5 : LES COMPARATIFS

Utilisez le pointeur n° 5 avec les comparatifs sans antécédent (par exemple mieux, plus facile).

Le cinquième et dernier pointeur est utilisé avec les comparatifs n'ayant pas d'antécédents précis, comme dans mieux, pire, plus facile, etc. Ce pointeur n'est pas aussi utile que les précédents, mais il permet parfois de découvrir une information utile. N'oubliez pas : un pointeur ne doit être utilisé que si votre objectif, ou celui de votre interlocuteur, est affecté par l'imprécision de l'information. Si vous entendez dire : « C'est mieux de faire cela », vous voudrez peut-être demander : « Mieux que quoi ? » pour obtenir l'information dont vous avez besoin. Un comparatif imprécis indique souvent une faille dans le raisonnement. D'un autre côté, il se peut que vous n'ayez pas besoin de soulever cette question.

Autre phrase type à laquelle on pourrait appliquer le pointeur n° 5 : « C'est l'homme idéal pour accomplir ce travail. » Vous pouvez demander : « L'homme idéal parmi quel groupe d'hommes ? » ; mais vous pouvez aussi décider de laisser tomber. Certains pensent que l'homme idéal pour faire un travail est une femme.

Votre pouce gauche identifiera un comparatif sans antécédent, tel que « mieux ». Puis votre pouce droit vous rappellera de demander : « Mieux que quoi ? »

Prenez les dessins des mains, positionnez les vôtres, puis imaginez le mot « mieux » inscrit sur votre pouce gauche, et la réponse inscrite sur votre pouce droit. Utilisez la même méthode d'apprentissage que pour les autres doigts. Aussitôt, l'information sera ancrée dans votre corps, et vous pourrez tourner votre esprit conscient vers d'autres sujets.

Je vous conseille d'utiliser les pointeurs afin de ne pas laisser passer des mots qui seraient importants pour votre objectif, ou pour celui de votre partenaire. Mais si le sens de certains mots vous importe peu, ne vous précipitez pas sur les pointeurs. Gardez-les en réserve pour des mots réellement importants eu égard à votre objectif. Si vous rencontrez un mot abstrait qui est important, vous avez assurément besoin d'un pointeur, et parfois même lorsqu'il s'agit de mots concrets, dénotés. Tout dépend du contexte, qui détermine le besoin, ou non, de clarification.

Chaque fois qu'il s'agit d'adapter des objectifs, il vous faut connaître le sens des noms et des verbes employés par l'autre personne. Quand vous aurez précisé le sens des noms, utilisez le second pointeur pour découvrir le sens exact des verbes qui comptent pour votre objectif.

Cherchez d'abord le sens précis des noms. C'est ainsi que l'on gagne du temps.

Avant d'en terminer avec les pointeurs, examinons une tragédie historique qui aurait pu être évitée par un seul pointeur.

> « En avant, Brigade Légère ! »
> Y eut-il un seul geste de stupeur ?
> Non, et pourtant les soldats savaient
> que quelqu'un avait commis une faute.
> Ils n'avaient rien à dire,
> Ils n'avaient pas à comprendre,
> Ils n'avaient qu'à obéir, et mourir.
> …
> Dans les mâchoires de la mort,
> Dans la gueule de l'enfer
> S'engouffrèrent les six cents.
>
> Lord Alfred Tennyson
> *La Charge de la Brigade Légère*

J'étais curieuse de connaître le message qui avait provoqué cette bavure militaire. Quelques recherches me permirent de retrouver le message qui fut effectivement envoyé. L'ambiguïté de ce message dans la situation telle qu'elle se présentait nécessitait l'emploi du pointeur n° 1 ; si la question avait été posée, elle aurait pu changer le cours de cette bataille.

LE MESSAGE	LE POINTEUR
Lord Raglan veut que la cavalerie avance rapidement vers le front.	Quel front précisément ?
Suivez l'ennemi. Essayez de l'empêcher d'emporter les canons.	
Les troupes de l'artillerie à cheval vous accompagneront.	
La cavalerie française est à votre gauche.	
Exécution immédiate.	

Bien que la plus grande partie du message soit ambiguë, le nœud de cette ambiguïté était « le front ». « Quel front, précisément ? » était la seule question à poser pour sauver la vie des 478 soldats qui moururent ce jour-là. Lord Raglan se tenait sur une colline surplombant le champ de bataille, et connaissait les positions respectives de ses soldats et des Russes. Les Russes étaient déployés sur trois côtés, de sorte qu'il n'y avait pas un seul front, mais trois. Au cœur de la bataille, Raglan ne se rendit pas compte que ceux qui étaient en bas ne savaient pas où était l'ennemi. Son objectif était de s'emparer des canons russes au sommet de la colline, mais le mot imprécis de « front » envoya la Brigade Légère dans la mauvaise direction.

Que vous soyez sur le point de livrer bataille ou d'assister à une réunion, vous aurez besoin des cinq pointeurs pour survivre et gagner. Bien sûr, un malentendu sur le plan professionnel n'envoie pas les gens à la mort, mais une foule d'espoirs, de rêves et d'objectifs meurent ainsi. Maintenant que vous avez tous cinq pointeurs au bout des doigts, vous disposez des outils linguistiques les plus modernes — portatifs de surcroît — pour ouvrir les mots, afin de découvrir le sens qu'ils ont pour autrui. Vous ne serez plus terrorisés par l'avalanche de mots qui vous submerge en réunion, car les pointeurs font maintenant partie de votre panoplie de techniques syntoniques : les objectifs, le rapport, les systèmes de représentation et l'acuité sensorielle.

Si vous partez du principe que chaque personne parle un langage mystérieux qui, bien que ressemblant au vôtre, n'en a pas le même sens, vous ferez un pas gigantesque sur le chemin de la communication. J'ai lu un jour l'histoire d'un enfant élevé dans une ambassade suisse, dont le personnel parlait des langues différentes. Pendant longtemps, cet enfant a cru que chaque adulte avait son propre langage.

L'enfant avait raison. Chacun de nous a son propre langage basé sur ses propres expériences. Les mots semblent être les mêmes, mais leur sens est différent. Nos expériences passées déteignent sur le sens des mots que nous employons dans de telles proportions que les malentendus sont chose courante. Les malentendus sont un souci professionnel constant, à cause du temps et de l'argent que cela coûte. Avez-vous jamais expliqué un projet à votre collègue ou à votre adjoint pour vous apercevoir, quelques semaines plus tard, qu'il travaillait à partir d'une idée de ce projet totalement différente de la vôtre ? La plupart d'entre nous ont été confrontés à cela plus d'une fois. Comprendre ce que les autres veulent dire permet d'économiser du temps, des efforts et de l'argent. Les pointeurs ont été créés dans le but d'accroître la compréhension, en mettant au jour des informations utiles concernant le mode de pensée d'autrui. Et peut-être trouverez-vous soudain que le langage est un sujet plus intéressant, plus stimulant et plus utile que vous ne l'imaginiez.

Vous êtes prêt maintenant à organiser une réunion réussie.

LA MAIN AUX CINQ POINTEURS

Gahan Wilson,
première parution
dans *Magazine of Fantasy
and Science Fiction*.

6
Techniques de réunion

Les réunions professionnelles sont comme des bêtes sauvages qui dévorent notre temps. Les minutes, les heures sont englouties, mâchées, absorbées. Discussions, recommandations, conflits, délibérations, ordres du jour, priorités et prévisions sont bien sûr nécessaires, mais les professionnels sont généralement d'accord sur le fait que les réunions pourraient être plus courtes et plus rentables.

Certaines entreprises tentent de maîtriser le temps consacré aux réunions en limitant leur durée, en organisant des réunions où les participants sont debout, ou des réunions mensuelles. Ces solutions n'ont eu qu'un succès limité, car aucune d'entre elles ne prend en compte le véritable but d'une réunion : communiquer en groupe pour atteindre un objectif. Limiter la durée d'une réunion, c'est comme vouloir gagner un match de foot en écourtant la durée du jeu.

PEGASUS

« Attendez une minute, allez-vous dire, toutes les réunions que j'organise ne sont pas aussi mauvaises que cela. Je

connais des techniques utiles à la conduite de réunions. »
Aucun doute là-dessus ; comme tout professionnel accompli, vous utilisez certainement quelques techniques de réunion. Mon objectif est de rendre ces techniques encore plus efficaces en leur adjoignant PEGASUS. PEGASUS★ est le sigle désignant sept techniques de réunion basées sur la syntonie. Cette méthode sera utilisée avec profit dans toute réunion, qu'il y ait deux ou deux cents participants. Grâce à la méthode PEGASUS, vous et votre épouse déciderez plus rapidement, et avec plus de plaisir, de votre lieu de vacances ; votre conseil d'administration et les actionnaires décideront de même de la politique générale de l'entreprise. PEGASUS prête ses ailes à vos réunions pour la réussite de vos objectifs.

Beaucoup de réunions professionnelles échouent. Pendant sept ans, quatre avocats se réunirent au petit déjeuner, de 7 h 15 à 8 h 15. Ils étaient censés établir une politique, examiner des procédures, embaucher des avocats supplémentaires et du personnel juridique, définir des priorités et faire des recommandations au directeur de leur cabinet juridique. Pendant sept ans, ils ne firent que discuter et se plaindre de la politique de leur société. Pas une seule fois ils ne tentèrent ensemble de changer quoi que ce soit, ni même ne manifestèrent ouvertement leur désapprobation. Ils n'entendaient nullement prendre des décisions. Bien qu'ils n'en aient pas eu conscience, l'objectif de leur réunion quotidienne était de parler et de se plaindre. Leur comportement reflétait leur objectif ; le comportement est toujours révélateur. Si ces avocats avaient su que tel était l'objectif de leurs réunions, ils auraient pu rester chez eux au petit déjeuner, et se plaindre à leurs épouses.

Nous avons tous assisté à des réunions désastreuses, mais que faire ? La méthode PEGASUS a pour fonction de répondre à cette question. Je m'en porte personnellement garante. Si vous l'appliquez et que malgré cela vos réunions ne sont pas un succès, écrivez-moi ; je m'engage à vous répondre personnellement.

Vous connaissez déjà la technique qui vous permettra de réduire votre temps de réunion et d'améliorer la qualité de vos objectifs : la capacité de faire d'un but un objectif. Cette technique — la plus difficile à mettre en œuvre — fait appel à cinq outils :

★ Nom anglais du cheval mythique Pégase. (N.d.T.)

A. Viser un résultat précis
B. Etre positif
C. Voir/entendre/sentir : recueillir des informations sensorielles
D. Adapter ses désirs à ceux de son interlocuteur
E. Concevoir des objectifs à court et à long terme.

Liste de ce qu'il faut vérifier avant la réunion :
1. Objectif
2. Définition de la tâche
3. Principe des deux tiers

En plus des techniques concernant les objectifs, vous devez être capable d'établir le rapport, d'identifier les systèmes de représentation, de voir et d'entendre avec beaucoup d'acuité, et d'utiliser les cinq pointeurs. Enfin, pour compléter votre panoplie, voici d'autres outils, plus particulièrement destinés aux réunions.

Il y a trois choses à faire avant de tenir une réunion. Premièrement, définissez votre objectif. Deuxièmement, sachez à quoi (à quelles images, quels sons, quelles sensations) vous reconnaîtrez que votre objectif est atteint. Troisièmement, établissez la liste de ceux qui assisteront à la réunion.

Cette liste est importante. Le « principe des deux tiers » veut que chaque personne invitée à une réunion possède les informations qui permettront de prendre une décision sur deux des trois sujets mis à l'ordre du jour. Par exemple, s'il y a neuf points à l'ordre du jour, chaque personne convoquée à la réunion devrait être concernée par au moins six de ces neuf points. (Si la présence de quelqu'un n'est nécessaire que pour deux des neuf points, il serait peut-être souhaitable d'organiser une autre réunion, avec des participants différents, pour traiter de ces deux questions.)

Il ne s'agit pas là d'un principe à appliquer de façon stricte, mais d'une ligne directrice. Définissez la proportion qui semble vous convenir le mieux après avoir testé différents pourcentages. Si vous ne conservez sur votre liste que les participants dont la présence est nécessaire et utile, vous économiserez de la salive, et du temps.

L'environnement — la pièce, les tables, les chaises, l'éclairage, la température, etc. — est également important pour la réussite d'une réunion. Vous devez être capable de déterminer l'environnement optimum en fonction du résultat que vous voulez obtenir. (J'aime cette histoire d'un homme d'affaires qui se prépara à un contrôle fiscal en mettant tous ses dossiers dans des boîtes en carton, et en ne se lavant pas pendant trois jours, alors qu'il faisait beaucoup de sport. L'inspection fut brève : la plupart des cartons ne furent même pas ouverts.)

Je vous fais donc confiance pour veiller à l'environnement. Passons au processus de la réunion.

N'oubliez pas qu'un processus concerne la façon dont nous faisons quelque chose — le *comment*. Si nous prenons l'exemple du tire-bouchon, l'action de tirer est le processus, et le bouchon est le contenu. Ces techniques constituent donc le processus que je recommande d'appliquer à toute réunion, quels qu'en soient le contenu et le nombre de participants.

Vous voici à l'aube du jour où, pour la première fois, vous allez utiliser les techniques syntoniques. Si possible, arrivez le premier dans la salle de réunion. Cela vous donnera l'occasion de rencontrer chaque personne à son arrivée, et de vérifier que chacun est présent et dispose de toutes ses ressources. Vous savez fort bien que ce n'est pas parce qu'une personne est présente physiquement qu'elle est d'une quelconque utilité au cours d'une réunion. Supposons qu'au moment où Jim s'apprêtait à se rendre en réunion, son principal client lui ait téléphoné pour annuler un contrat annuel. Cette catastrophe va absorber la majeure partie de son esprit conscient, et une certaine partie de son esprit inconscient. Ce jour-là, Jim ne sera probablement pas d'une grande utilité à la réunion.

Vous voulez que votre personnel, ou votre équipe, soit en pleine possession de ses moyens. Comment vous en assurer ? La première étape consiste à reconnaître si les participants sont ou non dans leur état optimum. Si vous vous êtes

Contenu et processus

exercé à identifier les expressions et les attitudes corporelles de chacun des membres de votre équipe, vous saurez dès le début de la réunion si l'un d'entre eux n'est pas dans un état de concentration optimale. Quelques questions bien précises, comme « Que se passe-t-il ? Etes-vous distrait ? » peuvent vous apprendre que, par exemple, cette personne devrait être ailleurs. Dans ce cas, selon la situation, vous pouvez la dispenser d'assister à la réunion, ou bien faire une réunion courte pour qu'elle puisse s'en aller. La réussite d'une réunion dépend de chaque participant, de son degré d'implication et de sa disponibilité mentale.

Accueillir chaque personne à son arrivée vous permet non seulement de déterminer son état d'esprit, mais également d'établir le rapport.

Etre attentif et détendu pour exploiter au maximum ses capacités intellectuelles

Maintenant que le rapport est établi, passons à PEGASUS. Voici les sept techniques qui vous permettront de bien orienter votre réunion afin d'atteindre vos objectifs :

P. Présenter les objectifs
E. Expliquer la tâche
G. Gagner les participants aux objectifs
A. Activer l'acuité sensorielle
S. Synthétiser chaque décision importante
U. Utiliser la chasse aux digressions
S. Synthétiser l'étape suivante (à la fin de la réunion)

Présenter les objectifs

La meilleure façon de présenter le ou les objectifs de la réunion est de les écrire, afin que chaque participant ait sous les yeux la raison de sa présence à cette réunion. Un tableau noir ou un tableau de papier vous permettra d'afficher cet objectif ; il marque les limites de toute discussion et permet aux participants de rester concentrés.

Expliquer la tâche

Cette technique permet aux participants de connaître les critères d'une réunion réussie. A quoi sauront-ils que la réunion est un succès ? Quelles images, quels sons, quels sentiments leur prouveront que l'objectif a été atteint ?

Le directeur général peut présenter ainsi son objectif et la tâche correspondante : « L'objet de cette réunion est d'examiner la fabrication et les prévisions de ventes pour 1988 des six nouveaux logiciels. Je saurai que nous avons réussi si nous budgétisons les coûts de fabrication et de diffusion, déterminons le délai nécessaire à la fabrication des quatre mille premières unités, et décidons s'il est nécessaire d'embaucher du personnel supplémentaire pour tenir ce délai. »
Au tableau il écrit :

      BUDGET
      FABRICATION
      VENTES
      DELAI ⟶ 4.000 UNITES
      PERSONNEL ?

Dans cet exemple, la preuve sera faite que la réunion a réussi si les rubriques budget, délai et personnel sont complétées :

BUDGET : **7.500.000 F**
FABRICATION : **500.000**
VENTES : **250.000**
DELAI — → 4.000 UNITES : **3 mois**
PERSONNEL : **Oui**

Au terme de la réunion, chacun peut voir que le budget est établi, le délai defini, et qu'une décision a été prise concernant le personnel supplémentaire. Les participants ont pu entendre que chacun a donné son accord, et peuvent se sentir satisfaits des décisions prises. A ce stade, la réunion est un succès. D'ici là, il y d'autres étapes intermédiaires à franchir.

Gagner les participants aux objectifs

Cette étape est d'une importance capitale pour l'efficacité des techniques de réunion. Vérifiez auprès de chaque participant, un à un, qu'il est effectivement d'accord avec les objectifs définis précédemment. Cette vérification peut s'effectuer par un regard interrogateur, et chaque personne pourra confirmer verbalement son accord. Il faut que vous obteniez une confirmation complète, visuelle et auditive.

Ce n'est que lorsque vous aurez obtenu l'accord sur les objectifs que vous pourrez mener la réunion dans la direction souhaitée. Les digressions sans rapport avec le sujet font perdre du temps. Si chacun sait clairement quel est l'objectif, et a publiquement accepté d'accueillir favorablement les informations et les solutions menant à cet objectif, toutes les questions qui sont hors de propos seront vite repérées et pourront être facilement écartées. Cela s'applique à tout ordre du jour caché — but souhaité par un ou plusieurs participants, mais qui s'oppose à l'objectif de la réunion.

Si quelqu'un conteste l'objectif, réglez cela dès le début. Sans l'accord des participants sur votre destination, vous pouvez fort bien atterrir à Strasbourg, alors que vous entendiez vous rendre à Marseille. Pour déceler tout désaccord ou ordre du jour caché qui se présenterait pendant cette phase d'accord sur les objectifs, vous aurez besoin de votre acuité sensorielle.

Si chaque personne accepte publiquement de contribuer à réaliser l'objectif, alors toutes les autres questions et ordres du jour cachés deviennent hors de propos, et peuvent être facilement repoussés.

Activer l'acuité sensorielle

L'acuité sensorielle est utile partout, mais elle s'impose plus particulièrement dans l'agitation d'une réunion, permettant ainsi de s'assurer que chacune des techniques de réunion fonctionne comme on le souhaite.

Utilisez l'acuité sensorielle pour détecter l'incongruence. Nous avons déjà défini la congruence comme étant l'accord de toutes les parties d'un individu, qui sont alors orientées vers le même but. L'incongruence est le désaccord entre deux ou plusieurs parties d'un individu. L'incongruence dans le comportement se manifeste souvent lorsque quelqu'un possède un ordre du jour caché.

L'acuité sensorielle vous permettra de prendre conscience des comportements incongruents. L'incongruence annulera, par exemple, l'accord verbal donné sur les objectifs. Il y a incongruence si la bouche de l'un des participants dit « oui » et qu'il secoue la tête de droite à gauche, comme pour dire « non ». S'il agite son crayon d'avant en arrière, de droite à gauche, ce peut être aussi un signal négatif, même s'il hoche la tête pour dire « oui ». Si sa bouche sourit et que ses yeux sont froids, ce peut être un comportement incongruent.

Selon le cas, il peut être nécessaire d'approfondir ces incongruences. C'est vous qui choisirez le meilleur moment pour le faire, puisque c'est vous qui conduisez la réunion. Si vous remarquez un signe d'incongruence, vous pouvez en prendre note mentalement et prévoir une question appropriée. A partir de ce moment-là vous surveillerez les autres réactions sensorielles, ou alors vous affronterez tout de suite le comportement incongruent, en disant quelque chose comme :« Vous semblez hésiter à accepter cet objectif. Avez-vous d'autres suggestions à faire concernant l'objet de cette réunion ? » La réponse vous indiquera l'attitude à adopter pour le bénéfice de votre objectif. A vous de choisir le meilleur comportement — attendre ou non — en fonction de la situation.

Si un ordre du jour caché est la cause d'un comportement incongruent, cet ordre du jour apparaîtra probablement à un moment quelconque ; vous pouvez régler ce problème en utilisant, au cours de la réunion, plusieurs techniques différentes. La meilleure façon de se débarrasser d'un ordre du jour caché est parfois de faire en sorte qu'il soit sans rapport avec l'objectif. Mais parfois, la confrontation s'impose. A vous de décider.

Synthétiser chaque décision importante

Si vous résumez chaque décision importante, les participants savent où ils en sont, ce qui a déjà été traité, et peuvent établir la comparaison avec l'objectif de la réunion.

Les mots que vous choisissez pour faire le point peuvent avoir une grande influence. Comme dit le psychologue George A. Miller★ : « Le stimulus le plus efficace pour amener les gens à changer d'avis n'est ni une substance chimique, ni une balle de base-ball. C'est un mot. » En choisissant les mots qui sont en congruence avec les objectifs et les systèmes de représentation des membres de la réunion, vous pourrez focaliser l'attention et obtenir un accord sur ces objectifs.

Vérifiez les réactions du groupe chaque fois que vous faites le point. Observez les accords congruents, les légers désaccords, et les incongruences. Soyez particulièrement attentif aux oppositions et aux signes avant-coureurs de conflit. Avoir conscience qu'il existe une possibilité de conflit sur un thème donné, et être capable d'anticiper des solutions vous donnera un avantage. Si vous devez être confronté à un désaccord et vous en accommoder, vous aurez le temps de vous y préparer.

Voici un exemple de la façon dont un directeur général peut résumer un objectif : « Pierre s'inquiète du nombre de générateurs, modèle 7118, défectueux. Sur les 3 456 que nous avons vendus, 247 nous ont été renvoyés pour réparation. Cela m'inquiète également. Nous sommes ici pour déterminer les causes de ces pannes, et décider de ce que nous pouvons faire dans l'immédiat.

« Nous nous sommes mis d'accord sur les causes probables de ces pannes. En premier lieu, il semble que l'on puisse les attribuer à la machine numéro 12. Elle a déjà été réparée. Puis nous nous sommes mis d'accord sur quatre nouvelles méthodes de vérification. Nous en sommes là. Il nous reste à décider de la meilleure façon de réparer les générateurs renvoyés. »

★ George A. Miller, interviewé par Elisabeth Hall dans « Giving Away Psychology in the 80's » (Les révélations de la psychologie dans les années 80), *Psychology Today*, janvier 1980, p. 41.

Tout en faisant ce résumé, le directeur général vérifie, sur les expressions et attitudes corporelles des participants, les signes d'accord, de désaccord, de congruence et d'incongruence.

Utiliser la chasse aux digressions

La question qui permet de traquer les digressions est la suivante : « Quel lien cela a-t-il ? » Cette question n'est efficace que si elle est appropriée, et si les étapes concernant l'accord sur les objectifs ont d'abord été accomplies. Si vous employez systématiquement la question ci-dessus, chaque participant distinguera rapidement les informations qui n'ont rien à voir avec le sujet de celles qui lui sont liées.

Traquer les digressions peut se faire de différentes manières. La question « Quel lien cela a-t-il ? » peut, selon la situation, être posée avec beaucoup de politesse, ou au contraire avec agressivité. Si la personne qui propose une information est en mesure de justifier que son information a un lien avec l'objectif, alors l'information est autorisée. Dans le cas contraire, l'information est écartée. Cela permet à la réunion de suivre la trajectoire prévue.

Le secret est de mettre en cause non pas la personne, mais seulement son information. Ainsi vous ne pourrez pas être accusé de favoritisme, car vos décisions seront visiblement objectives, étant basées uniquement sur le fait qu'une information rentre, ou non, dans le cadre du sujet. Très rapidement, cette technique deviendra éducative : elle rappelle aux participants qu'avant d'ouvrir la bouche, ils ont intérêt à vérifier eux-mêmes si ce qu'ils ont à dire est lié au sujet. Du fait des relents disciplinaires de cette technique, n'oubliez surtout pas de maintenir le rapport.

En même temps, si vous constatez qu'une ou deux personnes ont du mal à prendre l'habitude de ne fournir que des informations concernant le sujet, vous pouvez devenir de plus en plus sévère en posant la question. Les participants finissent par apprécier cette chasse aux digressions car ils se rendent compte que les réunions deviennent plus courtes et plus rentables.

Quand vous posez la question : « Quel lien cela a-t-il ? », vous pouvez montrer du doigt l'objectif de la réunion qui est inscrit sur le tableau. Au bout de deux ou trois fois, il vous suffira de montrer ce qui est écrit au tableau ; cela

Mettre en cause l'information, pas la personne.

équivaudra à poser la question. Ce mécanisme de stimulus-réponse non verbal est très efficace et les participants apprennent encore plus rapidement à ne fournir que des informations liées au sujet.

Cette technique est la réponse idéale à toute proposition basée sur un ordre du jour caché. Si la proposition est hors de sujet, elle n'est pas prise en compte. Le simple fait de montrer du doigt l'objectif écrit éliminera rapidement tout ordre du jour caché, et toute proposition hors de propos. Il sera plus facile d'atteindre l'objectif une fois que les questions hors de propos auront été écartées.

Synthétiser l'étape suivante

Vous avez atteint vos objectifs. La réunion est presque terminée. Cependant, vous devez encore résumer les principales décisions qui ont été prises, l'objectif final atteint, et la prochaine étape à franchir par le groupe ou par certains de ses membres. Vous pouvez éventuellement fixer des échéances pour cette prochaine étape.

L'utilisation de la méthode PEGASUS impose une adaptation constante aux circonstances. Par exemple, une fois que votre objectif a été présenté au groupe, il se peut que vous vous rendiez compte qu'il manque une information indispensable à la réalisation de l'objectif. Dans ce cas, ajournez la réunion jusqu'à ce que vous ayez cette information. L'objectif initial n'aura pas été atteint, mais vous pourrez considérer que la réunion a été un succès dans la mesure où vous aurez été le plus loin possible, et aurez reporté la réunion sans perdre de temps.

Dans certaines réunions, vous devrez changer d'objectif. Le savoir est déjà en soi un atout important. Ted Graske, l'un des dirigeants d'American Express, me raconta l'anecdote suivante : on l'avait envoyé à une réunion à Denver pour exposer les procédures permettant un paiement rapide des frais de représentation. En une demi-heure, il se rendit compte que les quinze personnes présentes en avaient gros sur le cœur à propos des frais de représentation, et étaient incapables de se concentrer sur les nouvelles procédures. Il arracha la feuille sur laquelle était inscrit son objectif, et écrivit : « Plaintes à la maison mère au sujet du règlement des frais de représentation ». Puis, avec ce nouvel objectif, il anima une réunion qui fut réussie en ce sens qu'elle permit de réunir une grande quantité de plaintes. Aux yeux d'American Express, le moral des employés est plus important que les procédures, et Ted le savait. Quelques semaines plus tard, il retourna à Denver pour s'acquitter de sa mission initiale, et trouva les employés beaucoup plus réceptifs.

J'ai enseigné la méthode PEGASUS à une opératrice de saisie d'une société de recherche documentaire. Moins d'un mois plus tard, elle produisait des objectifs de qualité, et les réunions de la compagnie ne duraient que le temps mimimum ; c'était grâce à elle, mais personne n'en savait rien. Deux mois plus tard, le président se tournait vers elle si quelqu'un s'éloignait du sujet, et elle posait courtoisement la question : « Quel lien cela a-t-il ? » Si vous dirigez la réunion, tout ce dont vous avez besoin, en plus de PEGASUS, ce sont des techniques permettant de définir les objectifs et d'établir le rapport, ainsi que des pointeurs. Cependant, pour prendre le leadership d'une réunion dont vous n'êtes pas l'animateur, il vous faut quelques techniques supplémentaires.

COMMENT PRENDRE LE LEADERSHIP D'UNE RÉUNION

Avant toute chose, il faut savoir que chercher à se substituer à l'animateur d'une réunion comporte des risques d'importance variable ; il faut donc avoir la certitude que les bénéfices escomptés en valent la peine. Il convient de pré-

Il y a plusieurs façons de prendre le leadership d'une réunion organisée par quelqu'un d'autre, certaines étant plus risquées que d'autres. Vous trouverez peut-être, parmi les possibilités suivantes, celle qui correspond à vos besoins.

- Dire : « Je suis perdu(e). Pourquoi sommes-nous ici ? » tout en regardant le responsable de la réunion. Ceci pourra éventuellement mettre en lumière l'objectif de la réunion. Se référer ensuite à cet objectif pour traquer les digressions.
- Augmenter le nombre de digressions jusqu'à ce que quelqu'un d'autre rappelle au groupe son objectif. Si la réunion a été organisée pour fixer le prix du mètre cube de sable, et que vous parlez des traces de sable que laissent vos enfants sur votre nouveau tapis, quelqu'un d'autre ramènera peut-être la réunion sur sa trajectoire. Vous pourrez alors demander : « Au fait, nous essayons de faire quoi exactement ? »
- S'il y a tellement de digressions et un but tellement flou que c'en est désespérant, se lever, renverser sa chaise brusquement, changer de place, et dire calmement : « Est-ce que l'objectif de cette réunion est de... [donner votre meilleur objectif] ? » Un tel comportement, qui est totalement inattendu et interrompt les réflexions des participants, s'appelle une *interruption de programme*. En agissant ainsi, c'est comme si vous les déconnectiez ou stoppiez leurs enregistrements : ils seront surpris, confus et suffisamment mal à l'aise pour souhaiter une porte de sortie. Pendant quelques instants, ils seront réceptifs à vos suggestions, et si vous leur proposez une bonne solution, elle sera probablement adoptée. Mais gardez en tête leurs objectifs, sinon cela ne marchera pas. Ne donnez pas de raisons au fait que vous avez renversé votre chaise ou changé de place : continuez simplement, comme si rien de fâcheux ne s'était produit.
- Un informaticien me parla un jour d'une variante de l'interruption de programme. Deux chefs de département étaient en désaccord au cours d'une réunion. Ils se disputaient, criaient, s'accusaient mutuellement, etc., mais ne réalisaient rien de positif. L'informaticien se leva tranquillement et sortit. C'était une interruption de programme, mais il n'y avait pas de suggestion de sa part sur les suites à donner à cet incident. Bien que les interruptions de programme soient plus efficaces si l'on reste dans la salle pour faire une suggestion, le départ de l'informaticien atteignit son objectif. Les deux chefs de département décidèrent d'une autre réunion, à une date ultérieure. Dans l'intervalle, chacun d'eux vint s'excuser de son comportement auprès de l'informaticien. La réunion suivante se déroula dans le calme.
- Pour ceux qui en ont assez de la façon dont se déroule la réunion, du chaos et des digressions, regarder sa montre et annoncer d'une voix forte : « Il me reste cinq minutes à consacrer à cette réunion. Qu'espériez-vous accomplir ? »
- Proposer à quelqu'un qui serait très occupé ou en déplacement de conduire une réunion à sa place. Profiter de cette réunion pour exposer aux participants la méthode PEGASUS ; à l'avenir, ils vous aideront probablement à maintenir les réunions sur leurs rails.
- Avoir en réunion un comportement exemplaire. Si vous appliquez ces techniques dans la partie de la réunion dont vous êtes responsable (par exemple, quand vous présentez le bilan de votre département), alors les autres apprendront grâce à vous. C'est assez long, mais efficace. Il est difficile de continuer à être inefficace quand vous avez sous les yeux l'exemple d'un comportement efficace. Cependant, il y a toujours des gens qui résistent.
- Faire le résumé ou la synthèse, et en profiter pour maintenir la réunion sur la trajectoire souhaitée.

voir quelle pourrait être la conséquence la plus fâcheuse. Quelle est la pire chose qui puisse arriver ? Si vous décidez de foncer, vous trouverez quelques lignes directrices en page 129.

Il reste deux points importants à connaître pour la bonne marche de vos réunions. Tout d'abord, pour qu'une réunion réussisse, il faut un juste équilibre entre structure et liberté. La méthode PEGASUS a pour fonction de vous permettre d'atteindre vos objectifs en un minimum de temps. Une fois ces techniques acceptées, les réunions seront canalisées vers les objectifs qui seront alors rapidement atteints. Mais il faut aussi une certaine marge de liberté pour que la créativité puisse se manifester. Rien ne vous empêche donc de consacrer certains moments au brainstorming, de rêver aux perspectives d'avenir, ou de laisser libre cours aux idées créatives. L'équilibre entre structure et liberté doit rester toujours présent à l'esprit, mais il est tout à fait possible de privilégier tantôt l'un, tantôt l'autre.

Dès que la méthode PEGASUS fera partie intégrante de vos réunions, les membres de votre personnel prendront plaisir à y assister. Ils sauront s'ils ont des informations utiles à fournir ; ils sauront ce qui a été réalisé au cours de la réunion et quelle est la suite à donner.

> *La syntonie est une nouvelle discipline qui est née de plusieurs disciplines classiques. Voir tableau p. 131.*

La théorie syntonique

ORGANISATION et NOUVELLES DONNÉES : .... John Grinder et Richard Bandler

PSYCHOLOGIE Sigmund Freud Stimulus-réponse de Pavlov	LINGUISTIQUE	INFORMATIQUE MATHÉMATIQUES	AUTRES SOURCES POSSIBLES et/ou DOMAINES ANNEXES

FRITZ PERLS	VIRGINIA SATIR	MILTON ERICKSON	ALFRED KORZYBSKI	NOAM CHOMSKY	
Gestalt	Systèmes familiaux	Atteindre l'inconscient	Cartes de la réalité	Structure de surface	Procéder par généralisation ou réduction
Perception	Systèmes de représentation	Métaphore	En codant notre réalité, nous la créons.	Structure profonde	Modes de pensée
Responsabilité	Synchronisation	Ancrage	Notre codage comporte des décalages.	Les cartes appauvries et inadéquates résultent des mauvais fonctionnements de notre perception et de notre pensée.	Niveaux d'abstraction
Choix	Prédicats	Humour			
Paradoxe	Feedback	Jeux de mots			Zen et autres religions et philosophies orientales
Comportement		Calembours			Roberto Assaglioli
Besoins		Paradoxes			Analyse des systèmes
Valeurs				Le langage dévoile les a-priori de la pensée.	Théorie Cybernétique
Congruence					Autres

AUTRES APPLICATIONS : .... Judith Delozier, Leslie Cameron-Blander, Robert Bilts, David Gordon, Lynne Conwell, Michael LeBeau, Norma et Phil Barreta.

La SYNTONIE dans la COMMUNICATION PROFESSIONNELLE : .. ORGANISATION DU CERVEAU GAUCHE : Robert Hill

La SYNTONIE dans la COMMUNICATION PROFESSIONNELLE : .... ACCENT MIS SUR L'INTÉGRITE ET L'ORGANISATION DU CERVEAU DROIT : Genie Z. LABORDE

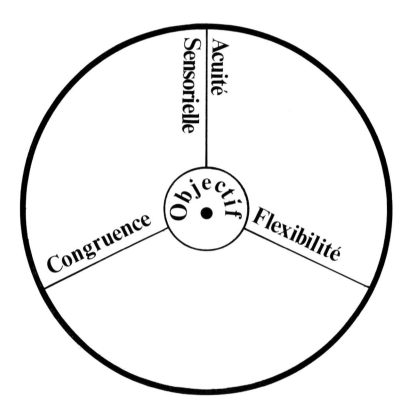

*Si ce que vous êtes en train de faire ne marche pas,
oubliez le contenu et verifiez ceci.*

7
La flexibilité

Maintenant que vous savez définir un objectif, établir le rapport, utiliser l'acuité sensorielle ainsi que les pointeurs, il est temps de vous intéresser à la complexité du comportement, et tout particulièrement dans les cas où le comportement influe sur la communication. Le comportement est l'un des éléments significatifs du processus de communication. Si vous dites à votre patron que vous êtes totalement dévoué à votre entreprise, et que vous arrivez tous les jours en retard au bureau, qu'est-ce qui compte le plus : vos paroles ou votre comportement ? Avez-vous jamais entendu quelqu'un dire une chose, et faire le contraire ? Qu'est-ce qui compte le plus, les paroles ou le comportement ?

Dans toute situation de communication, c'est le comportement qui fournit la meilleure qualité d'information. L'opinion de linguistes tels que Witherspoon, Birdwhistell, Mehrabian, Bandler et Grinder est que les réactions non verbales sont, dans le processus de communication, généralement plus significatives que les mots. La communication englobe l'ensemble des comportements des personnes impliquées dans le processus. La communication comprend également les schémas de comportements : les répétitions, les rythmes, les variations et les passages d'un extrême à l'autre se manifestant au cours de l'interaction.

Dans le domaine de la communication, aucune personne n'agit à partir de rien. Des processus de rétroaction (feedback) et d'anticipation (feedforward) se produisent constamment. Chaque action, chaque attitude, chaque mot agit sur l'autre personne. Cette interaction entre les gens est ce qu'il y a de plus mystérieux et ambigu dans le processus de communication. C'est comme si la part la plus importante de la communication se passait dans une zone médiane, là où les comportements et les paroles de l'un rencontrent les comportements et les paroles de l'autre, et se transforment. Observer de quelle façon vos paroles changent de sens dans cette zone médiane est la clé d'une bonne communication.

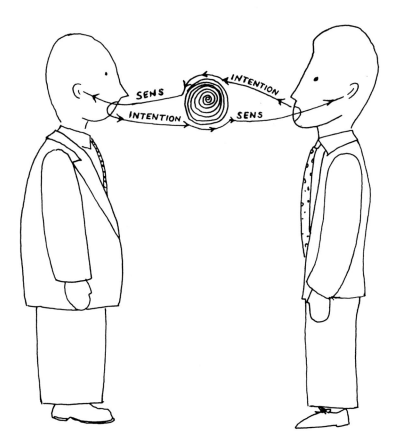

Boîte noire

LA FLEXIBILITÉ 135

Que se passe-t-il dans la tête de l'autre personne ? Vous comprend-elle, ou attribue-t-elle à vos paroles un sens différent ? Souvent nous nous apercevons que malgré notre certitude réciproque d'avoir été compris, nos comportements ultérieurs prouvent qu'il n'en était rien, et que nous nagions en plein malentendu.

LE SENS EST DANS LA RÉACTION COMPORTEMENTALE

C'est vous qui déterminez vos intentions, mais votre succès en matière de communication dépend de la façon dont vous aurez transféré votre intention sur l'autre personne. C'est elle qui décide du sens. En utilisant l'acuité sensorielle vous saurez si le message à été correctement reçu. Vous serez peut-être alerté par quelque signe indiquant que votre intention n'a pas été perçue ; il vous faudra alors faire ou dire autre chose.

Le sens de toute communication est donné par la réaction de l'interlocuteur.

Etre capable de faire autre chose, de changer son approche, est l'objet de ce chapitre. Même lorsqu'ils s'aperçoivent d'un malentendu, certains ne changent jamais. Ils continuent à faire exactement la même chose, avec plus d'insistance. Intuitivement, nous savons tous que les messages du comportement ont plus d'impact que ceux du langage. Et pourtant nous négligeons souvent certaines attitudes importantes qui nous disent clairement ce qui se passe dans la tête de l'autre personne, ce qu'elle perçoit et ce qu'elle pense. Pour l'instant, vous êtes en mesure de discerner, grâce à votre acuité sensorielle, ce que l'autre personne croit que vous voulez dire. Mais il faut aussi savoir modifier votre comportement pour obtenir la réaction voulue.

Etre flexible signifie pouvoir choisir, au cours de la communication, le comportement approprié. Dans *Les secrets de la communication*, Bandler et Grinder font remarquer que si vous n'avez qu'une seule option de réaction, vous êtes un robot. Si vous avez deux options, vous êtes face à un dilemme. Si vous en avez trois, vous êtes en mesure de faire preuve de flexibilité. Si vous en avez cinq, c'est encore mieux. En étant suffisamment flexible, vous pourrez corriger votre comportement pour provoquer la réponse dési-

Boucle rétroactive

rée. Lorsque vous ne disposez que d'une seule possibilité de réaction face à un signal donné, changer de comportement est impossible même si vous n'arrivez pas à obtenir l'effet recherché.

La communication est un système circulaire de feedback : les réactions provoquent des réactions ; les comportements provoquent des comportements ; les mots provoquent d'autres mots. La flexibilité permet justement de tirer parti des informations provenant de ce processus. Communiquer tout en étant flexible, c'est comme piloter un avion. Les avions, à moins d'être équipés d'outils de navigation sophistiqués et coûteux, suivent toujours une trajectoire en zigzag que le pilote corrige constamment, en fonction des signaux reçus par radio. De même, pour « piloter une conversation », vous devez corriger vos réactions en fonction des signaux émis par votre interlocuteur. Une approche en zigzag, rectifiée autant de fois que nécessaire, est souvent le plus court chemin pour atteindre son objectif.

Si vous n'obtenez pas la réponse souhaitée, prenez une autre voie. Soyez flexible.

Etre flexible en définissant ses objectifs est un des éléments importants du processus de communication. Avez-vous jamais connu quelqu'un dont le but était sans intérêt, mais qui s'obstinait à le poursuivre, alors même que la stupidité de ce but crevait les yeux ? Ce n'est qu'un exemple de ce qu'est l'inflexibilité.

Etre flexible signifie bien réagir aux changements et être capable de s'adapter. Dans le processus de communication vous pouvez faire preuve de flexibilité dans votre langage, votre pensée, votre perception et votre comportement. Les pointeurs encouragent la flexibilité dans le langage. L'acuité sensorielle encourage la flexibilité de la perception. Ce chapitre traite en majeure partie de la flexibilité du comportement. Les comportements flexibles sont le « Sésame, ouvre-toi » des objectifs bloqués.

LA SIMPLICITÉ DE LA FLEXIBILITÉ

Si c'est tellement une bonne idée que d'être flexible, pourquoi sommes-nous pour la plupart inflexibles ? Et pourquoi, lorsque nous avons une fois fait preuve de flexibilité, ne recommençons-nous pas ?

Les jeunes enfants — généralement parlant — sont flexibles. Enlevez son jouet à un enfant et il jouera avec ses orteils, des clés de voiture ou un bout de ficelle. En grandissant les enfants perdent généralement cette capacité. Il semble que trois facteurs inhérents au développement humain interfèrent avec la flexibilité. En ayant conscience de ces tendances naturelles vous améliorerez votre flexibilité.

1. *Nous aimons être appréciés.* En grandissant, nous développons des relations avec la famille, les amis, et nous apprenons que certains comportements provoquent l'approbation des autres. Nous avons tendance à répéter ces comportements, car ils nous ont, à un moment donné, procuré ce que nous voulions : l'approbation. Aussi finissent-ils par devenir des habitudes auxquelles nous avons tendance à recourir. Si ces comportements ne nous apportent plus ce que nous souhaitons, nous sommes déçus, mais ne savons pas comment changer.

Aller d'un extrême à l'autre : passer du oui au non, ou du noir au blanc.

2. *Nous prenons plaisir à réagir par opposition.* A l'âge de deux ans, et de nouveau pendant l'adolescence, nous aimons *ne pas* faire ce que la famille et les amis veulent ou attendent de nous, pour voir l'effet produit. Nous savons ce qu'ils veulent, et nous faisons exactement le contraire. Nous expérimentons la désapprobation, et certains d'entre nous restent bloqués dans cette attitude d'opposition. Nous finissons par être tellement habitués à faire le contraire de ce que l'on attend de nous que nous n'avons même pas conscience de notre propre inflexibilité. Nous sommes tout aussi limités par notre tendance à agir par opposition que par notre tendance à quêter l'approbation.

3. *Nous nous identifions à notre comportement.* Le troisième phénomène, qui découle des deux premiers, est le princi-

pal obstacle à la flexibilité. La flexibilité est facile à mettre en pratique dès l'instant où nous différencions ce que nous faisons de qui nous sommes. Dans le cas contraire, quand vous feriez quelque chose d'idiot, *vous* seriez idiot. Puis quand vous feriez quelque chose d'intelligent, *vous* seriez intelligent. Mais comment peut-on être à la fois idiot et intelligent ?

Vous et moi ne sommes pas à la fois idiots et intelligents, mais nous pouvons agir de ces deux façons. Nous ne sommes pas nos actions. Cela semble évident, mais beaucoup de personnes s'identifient si étroitement à leurs comportements qu'elles ne peuvent reconnaître en elles un comportement stupide. Elles pensent que si elles admettaient avoir eu un comportement stupide, cela voudrait dire qu'elles *sont* stupides. C'est parfois un soulagement que de pouvoir admettre : « C'est vrai, c'était un geste stupide ; cela me servira de leçon. » Lorsque vous faites une distinction, même légère, entre vous et vos comportements, vous avez alors un plus large éventail de choix.

J'aime à penser que mes comportements reflètent ma personnalité du moment. Les comportements sont comme

Nous ne sommes pas nos comportements. Nous sommes responsables de nos comportements, mais nos comportements ne sont pas nous.

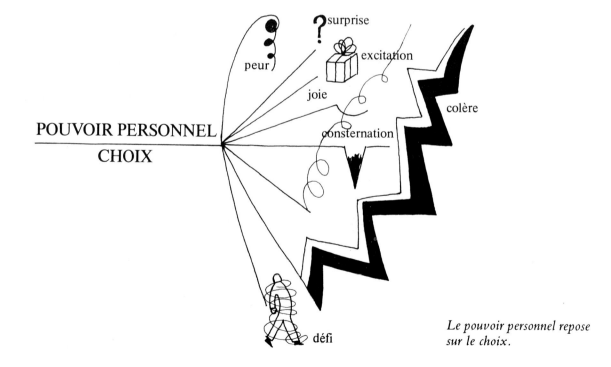

Le pouvoir personnel repose sur le choix.

des vêtements ; on peut en mettre ou en enlever. Parfois ils ne sont plus à notre taille, parfois nous changeons de goûts vestimentaires. Ce qui nous allait bien ne nous va plus. Nos vêtements nous reflètent à un moment donné, et il en est de même de nos comportements.

Quand nous changeons, nos comportements peuvent changer également. J'ai entendu beaucoup de gens intelligents dire, en réponse à quelque suggestion parfaitement valable faite par autrui : « Oh, je ne pourrais pas faire ça. Ça ne serait pas moi. » Evidemment, que *ça* ne serait pas vous. *Ça* ne serait qu'un nouveau comportement que vous essayeriez, pour voir s'il vous va mieux que quelque comportement habituel.

Les comportements habituels sont confortables, car ils sont familiers. Même s'ils ne nous sont d'aucune aide pour atteindre nos objectifs actuels, ils sont aussi confortables que de vieux vêtements. Essayer de nouveaux comportements, c'est prendre un risque. Qui sait ce qui peut se passer ?

Précisément ! Personne ne sait ce qui arrivera, sauf que la réaction des autres sera différente. C'est évidemment la meilleure raison pour essayer de nouveaux comportements : provoquer de nouvelles réactions chez les autres jusqu'à ce qu'on obtienne la réaction voulue.

Je ne parle pas d'enfreindre la loi ni d'aller à l'encontre de votre propre intégrité. Je parle de simples modifications de comportement, comme d'embrasser votre femme avant qu'elle ne vous embrasse. Si vous saviez tout ce que les gens ne peuvent se résoudre à faire, vous seriez surpris. Comme me le disait un jour une mère de famille qui s'ennuyait, se sentait déprimée et inutile : « Je ne pourrais pas m'absenter pour travailler. Qui préparerait les repas ? Je suis femme au foyer. Les femmes au foyer restent à la maison. »

Cette pauvre femme se vivait comme femme au foyer. Dans sa vision du monde, les femmes au foyer se comportent d'une certaine façon, et pas autrement. Si elle avait un travail, qui serait-elle ? Quelqu'un d'autre. Elle était entraînée dans un cercle vicieux, un stimulus-réponse qui ruinait son mariage et sa vie.

Inconvénients de la flexibilité

La flexibilité a son revers. Ce ne sont pas nécessairement d'horribles conséquences, mais il vaut mieux être averti.

1. Vos amis et votre famille feront pression sur vous pour que vous restiez le même. Cela peut les rendre mal à l'aise de vous voir changer.
2. Il est plus facile de se comporter de façon habituelle que de changer.
3. Vous traverserez peut-être une crise d'identité. Qui suis-je ? Si je ne suis pas mon comportement, qui suis-je donc ? Vous êtes celui qui choisit les comportements qu'il veut. Même si vous savez que vous n'êtes pas votre comportement, vous pouvez croire que vos comportements doivent être cohérents, et non pas contradictoires. (Vous savez, la cohérence ressemble à la rigidité de la mort.)
4. Vous pouvez être étonné de vous-même.

Avantages de la flexibilité

1. Vous êtes davantage capable de provoquer les réactions que vous souhaitez. Si ce que vous faites ne provoque pas la réaction souhaitée, vous êtes en mesure de faire autre chose. Et encore autre chose. La particularité d'un comportement flexible est de pouvoir être modifié jusqu'à ce que l'on obtienne la réaction souhaitée.
2. Vous pouvez vous servir de vos comportements pour changer les autres. Nos comportements ne sont pas nous, mais ils affectent ceux qui nous entourent. Nous devrions changer de comportement au moins aussi souvent que nous changeons de vêtements. Vérifier sa penderie de comportements et y ajouter quelques nouveaux styles peut conduire à d'extraordinaires changements. Les êtres humains ont tendance à faire toujours la même chose à partir du moment où il existe un stimulus-réponse. Faire la même chose provoquera toujours la même réaction. Quand vous changez de comportement, la réponse de votre interlocuteur change également.

L'apprentissage se fait au moyen du stimulus-réponse.

Le stimulus-réponse est une fonction du cerveau générant nos habitudes.

Prenons un exemple. Une cliente me demanda un jour quel nouveau comportement elle pourrait adopter lorsque son patron criait après elle. D'habitude elle se mettait en colère, ou pleurait. Je lui suggérai de s'imaginer en train de marcher le long d'une plage ; au loin, comme dans un film, un homme en colère s'agitait. Cela lui permit de rester calme.

Puisqu'il faut être deux pour discuter, si l'un change d'attitude à n'importe quel moment de la séquence de comportement, l'autre doit le faire aussi, sous peine d'être bloqué dans un comportement incongruent. Le premier à avoir interrrompu une séquence négative ou préjudiciable à son objectif est celui qui exerce une puissance personnelle.

3. Vous augmenterez votre puissance personnelle. Certains pensent que ne pas suivre sa réaction première, celle qui surgit spontanément, c'est manquer d'authenticité. Envisager plusieurs émotions différentes vous permettra d'avoir le choix. (Est-ce que la seconde ou la troisième est moins authentique ou moins honnête que la première ?) La possibilité d'avoir des réactions plus efficaces réside dans un plus large éventail de choix. La deuxième ou la troisième possibilité sera peut-être plus efficace pour atteindre vos objectifs que la première. Si votre objectif est authentique, il est peut-être plus sage de choisir parmi plusieurs réactions authentiques, plutôt que de réagir comme un authentique robot.

4. Vous découvrirez peut-être que vous possédez certains talents, penchants, attirances ou passions que vous n'auriez pas connus si vous vous étiez contenté de réagir comme à l'accoutumée.

5. Les gens seront peut-être attirés par votre personnalité aux multiples facettes.

6. La vie deviendra une aventure.

Comment faire pour que la flexibilité fasse partie intégrante de notre vie ? Comme pour toute autre technique, il faudra vous exercer pour la maîtriser. Le meilleur exercice de flexibilité consiste à interrompre vos habitudes et à faire quelque chose de différent. Et puisque le corps et l'esprit sont inséparables, vous verrez qu'il est possible d'augmenter la flexibilité mentale par un entraînement physique.

Tous les muscles de votre corps connaissent vos schémas de réaction habituels. Il n'y a pas que votre cerveau qui ait appris à avoir peur : vos épaules, votre estomac, votre bouche connaissent tout autant la réaction de peur. Modifiez la rigidité, la froideur de ces muscles, et vous réagirez avec plus de flexibilité.

De nombreuses disciplines rendent le corps plus souple : les massages, le jogging, le yoga, le T'ai Chi Chuan, le stretching, la danse, etc. Toutes permettent de modifier la structure des muscles.

Corps flexible, esprit flexible.

Bon, vous êtes maintenant convaincu que la flexibilité en matière de communication est une bonne idée. Mais comment y parvenir ?

Voici quelques exercices pratiques :

- Interrompez vos vieilles habitudes — par exemple, changez de trajet pour aller travailler.
- Quand vous remarquez que vous agissez sous l'emprise d'une contrainte, comme « il faut », changez de rôle pendant trois minutes. Soyez quelqu'un d'autre.
- Changez de canal de perception.
- Quand vous prenez une décision, modifiez certaines séquences d'information.
- Lorsque ce que vous faites vous apporte le succès, faites-le différemment. Essayez autre chose. Le succès peut vous empêcher d'apprendre la flexibilité. Si vous avez l'habitude de prendre en considération d'abord les images, puis les sons, puis les sensations, attachez-vous à inverser cet ordre. (C'est plus facile à dire qu'à faire.)
- Dans les situations comportant peu de risques, cessez ce que vous êtes en train de faire, et pensez à trois autres voies susceptibles de mener à votre objectif.
- Pendant une minute, abstenez-vous d'écoutez le contenu d'une conversation. Observez seulement, ou alors n'écoutez que le ton des voix. Qu'apprenez-vous sur cette personne que vous n'auriez pas appris en vous concentrant sur le contenu ?
- Faites comme s'il n'y avait pas de secrets. Notre esprit inconscient perçoit, évalue et stocke tant d'informations que nous en savons plus sur les autres que nous ne pouvons le concevoir, ou l'admettre.
- Nous faisons tous de notre mieux en fonction de ce que nous savons et de ce que nous avons vécu. Sélectionnez chez vous le comportement qui provoquera le meilleur comportement chez l'autre.

Les stimulus-réponses sont des associations ancrées dans notre cerveau.

- Pendant une journée, débrouillez-vous pour que vos amis, collègues ou autres se sentent mieux après vous avoir rencontré qu'avant. (Voulez-vous essayer pendant deux jours ?)
- Faites quelque chose que vous n'avez jamais fait auparavant : écrire un poème, vous initier à la plongée sous-marine, faire du yoga, avoir un enfant, vous teindre les cheveux, faire pendant une journée comme si vous veniez d'une autre planète.
- Regardez le monde à travers de nouvelles lunettes. Pendant une heure, faites comme si vous étiez votre voisin de palier. A quoi ressemble le monde ? Faites comme si vous aviez dix-sept ou quatre-vingt-treize ans.
- Ne parlez pas pendant une semaine. Prenez des notes. Prévenez votre famille et vos amis que vous faites une expérience. Buckminster Fuller resta silencieux pendant un an.
- Synchronisez-vous sur les mouvements de quelqu'un d'autre avec le moins de gestes possible, et observez le rapport qui s'établit.
- Souvenez-vous d'une fois où vous vous êtes disputé avec quelqu'un que vous aimiez. Vous saviez que vous aviez raison. Vous avez blessé l'autre, mais vous saviez que vous aviez raison. Maintenant, remémorez-vous tous les détails de cette dispute : les couleurs, les bruits, l'époque de l'année, les expressions du visage. Visionnez ce film en marche arrière, puis en marche avant : ajoutez-y une musique appropriée et revoyez-le. Ensuite revoyez la scène avec une musique inappropriée. Puis visionnez à nouveau le film en marche arrière. Enfin, revoyez la scène telle qu'elle s'est réellement déroulée. Vous sentez-vous maintenant différent de la première fois où vous avez revécu ce souvenir ?
- Faites, pendant une semaine, la liste de toutes vos habitudes. La semaine suivante, changez le moment de la journée où vous effectuez habituellement telle ou telle chose. Pour d'autres habitudes, modifiez l'ordre de vos gestes. Remarquez les différences.
- Pendant une journée, soyez plus attentif aux odeurs. Ou augmentez vos propres odeurs, par exemple en mettant plus d'eau de toilette, ou moins de déodorant.
- Capitulez au beau milieu d'une discussion très vive. Dites : « Vous avez entièrement raison. Maintenant qu'attendez-vous de moi ? »(Quoi qu'on vous réponde, vous n'êtes pas obligé de le faire.)

- Trouvez des modèles de comportement flexible. Certains films des Marx Brothers proposent d'excellents modèles de flexibilité.
- Soyez flexible dans vos objectifs.

Arrêtez-vous, et assurez-vous que votre objectif vaut la peine d'être atteint. Si vous devez pour cela traverser une série d'épreuves, un tel objectif est-il même possible ? Peu importe que votre objectif soit difficile à atteindre ; la condition sine qua non est qu'il soit réalisable. Certains buts ne valent pas la peine. Vérifiez vos objectifs avec des questions sensorielles (images/sons/sensations) pour être sûr que vous les désirerez toujours lorsque vous les aurez obtenus, et qu'ils valent la peine de faire des efforts. Si ce n'est pas le cas, il ne vous reste plus qu'à être flexible sur vos objectifs.

Des objectifs, un timing et un vocabulaire flexibles augmenteront votre efficacité en matière de communication. Le fait de percevoir, penser et agir avec flexibilité augmentera votre efficacité à influencer les autres. Ceci est particulièrement évident dans le domaine de la vente.

8
Techniques de vente syntoniques

La vente est une sous-catégorie de la négociation. Et tout l'art de la vente consiste à vendre des rêves. Vous ne vendez pas une idée, ou un produit, vous vendez le rêve qui sera réalisé grâce à ce produit. Vendre une stratégie, par exemple, signifie vendre du succès. Quand vous vendez une assurance, vous vendez la tranquillité de l'esprit. Vendre du rouge à lèvres, c'est vendre de la beauté. Une machine à laver, de la propreté. Une chaîne stéréo, le plaisir de la musique. Et quand vous vendez une idée à votre patron, c'est un autre rêve, qui peut, ou non, devenir réalité.

Les bons vendeurs le savent. Pouvoir boire de l'eau fraîche sans être obligé d'aller jusqu'à la rivière : depuis que cet argument a permis de vendre le premier pot de terre, les commerciaux s'attachent aux objectifs du client. Les commerciaux comprennent tout de suite ce que je dis au cours de mes séminaires de communication, car ils connaissent déjà une bonne partie de ce que j'enseigne.

Nous vous avons déjà présenté plusieurs techniques syntoniques susceptibles de vous permettre de réussir vos ventes. Déterminer les objectifs, établir le rapport, se synchroniser sur le système de représentation et utiliser l'acuité sensorielle pour évaluer les réactions du client : ce sont des techniques extrêmement efficaces dans la vente. Vos clients y résisteront difficilement, aussi ne les utilisez qu'avec beaucoup de prudence.

J'eus un jour affaire à une vendeuse extrêmement convaincante qui réussit à me faire acheter une robe coûteuse. Il me fallut un certain temps pour me rendre compte que cette robe, que je n'aimais pas porter, me grossissait. Je n'ai jamais plus rien acheté dans cette boutique.

Aussi soyez sûr que le client désire ce que vous avez à lui vendre. Si vous n'utilisez pas ces techniques avec intégrité, les trois serpents Remords, Récrimination et Ressentiment, ainsi que le dragon Vengeance, vous dévoreront vivant.

Pensez à la vente comme à une négociation, mais plus facile. Le client ou le prospect est généralement neutre plutôt qu'hostile. Vous n'avez donc pas à le retourner de 180°, mais seulement de 90°. Pour ce faire, il suffit dans la plupart des cas de lui fournir quelques informations.

Etre intègre signifie adapter ses objectifs.

ETAT DE RESSOURCE ET ANCRAGE

La première étape, et aussi la plus utile à un vendeur, est de se mettre en état de ressource. L'état de ressource désigne l'état émotionnel optimum dans lequel une personne peut se

---

ETATS DE RESSOURCE

1. Souvenez-vous d'une chose particulièrement bien que vous avez faite.
2. Demandez-vous :
    « Qu'ai-je vu ? »
    « Qu'ai-je entendu ? »
    « Qu'ai-je ressenti ? »
3. Touchez le dos d'une de vos mains avec un doigt de l'autre main au moment où le souvenir de cette expérience est le plus fort.
4. Testez pour être sûr d'avoir ancré par ce geste un stimulus-réponse. Si ça ne marche pas, recommencez depuis le début.

trouver : c'est en quelque sorte l'excellence psychologique. Vous pouvez obtenir cet état dans l'ici et maintenant en vous basant sur le souvenir d'expériences que vous avez particulièrement bien réussies. Jim Banks, au chapitre 1, accéda à un état de ressource.

Pour ancrer un état de ressource, tout ce que vous avez à faire est de vous demander : Qu'ai-je vu quand j'ai accompli cet exploit ?★

Qu'ai-je entendu ?

Qu'ai-je ressenti ?

Quand ce souvenir, à base de données sensorielles, atteint le maximum d'intensité, touchez du doigt le dos d'une de vos mains. Cette pression crée une association de type stimulus-réponse. Vous pouvez maintenant recréer à volonté cet état optimum rien qu'en touchant le même endroit. Ou vous pouvez donner un nom à cette expérience, et ce mot fera resurgir le souvenir en question. Vous pouvez également utiliser à la fois le mot et le geste.

Pour ancrer une ressource, il y a encore mieux : demandez à un ami de vous regarder, et de toucher le dos de votre main quand vous êtes prêt. Faites cela deux fois, pour être sûr que dès que vous toucherez votre main ou prononcerez le mot clé, le souvenir de ce que vous avez fait de bien vous reviendra.

A partir du moment où vous saurez comment vous mettre très rapidement en état de ressource, vous pourrez y rester aussi longtemps que vous voudrez. Ce qu'il y a d'extraordinaire, c'est que lorsque vous êtes en état de ressource, les expériences emmagasinées au cours de votre vie sont disponibles immédiatement pour vous guider et augmenter vos capacités d'action. Vous pouvez alors réagir facilement et rapidement, de façon appropriée à la situation, quelle qu'elle soit.

Maintenant que votre état de ressource est bien en main, vous êtes dans les meilleures dispositions d'esprit pour une visite commerciale. La première obligation professionnelle du vendeur est, comme dans toute communication, d'établir le rapport. Les propos rituels que l'on échange en guise d'entrée en matière peuvent vous suffire pour établir le rapport. Ces quelques mots vous apporteront également

---

★ Assurez-vous que vous regardez bien le monde à travers vos propres yeux, et que vous n'êtes pas en train de vous regarder en spectateur, comme si vous étiez à l'extérieur de votre corps.

une foule d'informations utiles sur votre client : selon quels principes il trie les perceptions, sa perception du temps, ce qui est important pour lui, et le système de représentation qu'il utilise en ce moment.

Tant que le rapport n'est pas établi, ne dévoilez pas votre objectif, n'entrez pas dans le vif du sujet. Trouvez le moyen d'obtenir sa confiance, faute de quoi les techniques permettant de créer le rapport ne marcheront pas. Et sans le rapport, vous n'arriverez à rien.

Pour vérifier que le contact a bien été établi, grâce à la synchronisation, vous pouvez utiliser la technique qui consiste à *conduire* : il s'agit d'effectuer un autre geste, ou de modifier quelque chose dans votre attitude actuelle ; si le contact est établi, l'autre fera tout naturellement la même chose que vous ; cela se produit si rapidement qu'il est parfois difficile de dire quel est celui qui se synchronise, et quel est celui qui conduit.

Ceci est d'une grande utilité en matière de vente si vous avez la certitude que l'objectif de votre client est compatible avec le vôtre. Pour le savoir, évaluez votre acheteur : découvrez son objectif, sachez s'il est en mesure de payer, ou d'utiliser, votre service, produit ou idée. Faites également en sorte que votre position personnelle dans cette transaction soit très claire. Il s'agit de traiter d'égal à égal. Mettez-vous dans la peau d'un commerçant : vous allez échanger votre service, votre produit ou votre idée pour quelque chose de valeur moindre, ou de valeur égale.

Vous êtes aussi un éducateur : votre rôle est d'apprendre à votre client ce qui peut satisfaire son objectif. Pour cela, vous devez l'aider à exprimer son objectif le plus tôt possible.

Le rapport devient une danse au cours de laquelle chacun se synchronise sur le rythme de son partenaire.

se synchroniser
conduire

CASTORS

Voici un truc mnémotechnique qui vous servira au cours d'une visite commerciale :

C. Clarifier les objectifs à l'aide des pointeurs
A. Accroître le pouvoir d'imagination sensorielle de l'acheteur
S. Si...on jouait à faire Comme Si en faisant des prévisions
T. Trouver un accord conditionnel
O. Objectifs adaptés
R. Rapport
S. Savoir résumer la visite et annoncer la prochaine étape

Clarifier les objectifs à l'aide des pointeurs

Il est évident que c'est grâce aux pointeurs que vous pourrez découvrir l'objectif de votre client. Mais n'oubliez pas les « adoucissants » : serait-il possible de connaître les besoins précis ?... » etc.

Vous devez, avant d'entrer dans le vif du sujet, connaître les besoins particuliers de son entreprise auxquels votre produit, votre service ou votre idée peut répondre. Ce ne sont peut-être pas là les mots que vous utiliserez. En fait, je vous conseille d'utiliser le vocabulaire propre aux gens de la profession concernée. Si vous travaillez avec des épiciers, parlez-leur de produits frais, de clientèle fidèle, de pêches veloutées et de produits d'appel. Ils comprendront.

Vous vous ferez des amis et des clients aussi longtemps que vous ne perdrez pas de vue leurs objectifs, et que vous emploierez leur vocabulaire. Les mots qui leur sont familiers sont codés sur leur modèle de la réalité. Utilisez votre acuité sensorielle pour choisir les mots auxquels une réponse positive est attachée. Cette technique est si puissante que j'hésite à la présenter sans mentionner les quatre R. Les mots que vous emploierez sont ceux-là même que vos clients emploient ; ils vous les ont offerts, comme sur un plateau d'argent, tout simplement en parlant ; en sélectionnant parmi ceux-là ceux qui déclenchent une réaction positive, vous pourrez vendre n'importe quoi à n'importe qui — ou presque. Cependant, si ce que vous leur avez vendu ne satisfait pas leur besoin réel, ils vous le retourneront le lundi suivant.

Pénétrer dans le monde de l'autre personne en utilisant son vocabulaire.

Adoucissants et pointeurs

Vous qui connaissez la syntonie, vous savez que la seule technique dont vous avez besoin pour vendre est d'adapter un produit, un service ou une idée à un besoin. Et vous savez adapter les choses les unes aux autres. Vous savez déjà que votre produit, votre service ou votre idée est valable, sinon vous ne le vendriez pas. Si vous consacrez tout votre temps et toute votre énergie à l'adapter aux besoins de votre client, vous allez tout droit vers le succès.

S'il n'y a pas de possibilité d'adaptation, serrez-lui la main, et n'insistez pas. Vous économiserez tous deux un temps précieux, et vous ferez bonne impression, ce qui n'a pas de prix. Laissez votre carte afin qu'on puisse vous recontacter en cas de besoins ultérieurs. On se souviendra de vous comme d'un individu extrêmement compétent et responsable.

Ne pas s'entêter, c'est tout simplement remettre le succès à plus tard.

Accroître le pouvoir d'imagination sensorielle de l'acheteur

Vous savez que vous pouvez satisfaire le besoin de votre client. Vous allez maintenant utiliser la technique des données sensorielles visuelles, auditives, kinesthésiques. Il y a une façon dynamique de vendre : en accompagnant votre client sur le chemin de son imaginaire, et en lui montrant ce que la réalité pourrait être. Puis laissez-le écouter les bruits, et éprouver des sentiments : « Si vous êtes d'accord avec moi pour que Chambéry fasse désormais partie du secteur Est, vous verrez que nos ventes augmenteront de 50 % dans les trois prochains mois ; vous entendrez le président dire « vous avez fait du bon travail », et vous vous féliciterez d'avoir inclus cette idée dans nos prévisions. »

Détendez-vous : le fait que votre client ait pu imaginer qu'il possédait votre produit, bénéficiait de votre service ou achetait votre idée sera déterminant. A ce stade, vous avez probablement conclu la vente. En revanche, si l'imaginaire n'a pas pris le pouvoir, vous perdez votre temps. Serrez-lui la main et allez voir ailleurs.

Si...on jouait à faire Comme Si en faisant des prévisions

La technique du Comme Si est un fantasme tellement familier aux hommes d'affaires qu'ils ne bronchent pas quand on en parle. Ils ont oublié, justement parce qu'ils l'utilisent tout le temps, qu'il s'agit de faire semblant. Elle

SI VOTRE PRODUIT REPOND A LEURS BESOINS

C'est dans la poche

TECHNIQUES DE VENTE SYNTONIQUES

COMME SI :
AUSSI UTILE
QU'UNE TABLE RONDE

fait partie de leur mode de pensée. Ils appellent le processus du Comme Si *faire des prévisions*. Lorsqu'il fait des prévisions, même l'homme d'affaires le moins imaginatif est capable d'envisager que ce qui se passe actuellement continuera, ou bien s'améliorera, ou alors empirera. Puis il élabore un plan de travail à partir de ces éléments.

Vous pouvez utiliser la technique du Comme Si pour découvrir l'objectif idéal de votre client. Le dialogue sera à peu près celui-ci : « Si je vous comprends bien, vous aimeriez doubler votre chiffre d'affaires en douze mois. Pour cela, il vous faut un produit (service, idée) qui fera (ce que fait notre produit, service ou idée). Si je peux vous démontrer que mon produit (service, idée) le fera, nous serons parvenus à un accord satisfaisant pour tous deux. » La seule précaution à prendre, quand vous utilisez la technique du Comme Si, est de maintenir votre propre imaginaire et celui de votre client dans les limites du raisonnable. Ne promettez pas plus que ce que vous pouvez offrir. Cette technique séduisante peut créer des châteaux en Espagne. Assurez-vous que vous possédez le savoir-faire pour construire ce château avant de signer le contrat.

L'objet de la technique du Comme Si est de découvrir l'objectif de votre client. Vous pourrez ensuite voir s'il y a moyen d'adapter vos objectifs respectifs, ce qui est essentiel dans toute vente.

Envisager le passé est plus facile et plus créatif qu'envisager l'avenir.

Faire des prévisions n'est pas en soi une technique de vente, mais elle est bien utile. Cela permet aux hommes d'affaires de tracer leurs objectifs professionnels pour l'année, ou les trois, cinq et dix années à venir. Pour y parvenir, ils font comme si certaines choses allaient se produire. La plupart des hommes d'affaires vivent dans le présent, avec devant eux des chiffres actuels, et devinent ce qui se produira dans cinq ans.

Mais il y a une bien meilleure façon de prévoir : projetez-vous cinq ans en avant, et imaginez-vous assis dans votre bureau après avoir vécu cinq années de succès. Vous regardez les chiffres fantastiques des cinq années écoulées, et vous vous demandez : « Mais comment sommes-nous parvenus à une telle croissance ? »

Ce léger changement de perspective peut révéler des informations étonnantes. Vous agissez comme si vous étiez dans le futur. Vous voyez, entendez, ressentez votre succès.

Puis vous regardez en arrière pour savoir comment vous avez fait pour atteindre cet état désiré.

Dans toutes les séances de prévisions, les professionnels jouent à envisager l'avenir, mais ils négligent généralement ce léger changement de perspective. Envisager le passé libère plus de ressources qu'envisager l'avenir en faisant Comme Si. Mais comme cette technique de prévisions est familière à votre client, vous pouvez le conduire à un processus de pensée semblable, appelé accord conditionnel.

Trouver un accord conditionnel

De même que les prévisions, l'accord conditionnel appartient à la catégorie du « comme si c'était vrai ». Dans l'accord conditionnel, vous faites comme si vous pouviez satisfaire un ou plusieurs des besoins de votre client. Vous dites : « D'après ce que je comprends, si nous pouvons réaliser les tâches 1, 2 et 3, alors vous serez heureux de faire affaire avec nous ? » Si votre client répond oui, votre travail est simple.

Comment votre client saura-t-il que vous avez accompli ces trois tâches ? A vous de le découvrir. Utilisez la technique des points de repères : quelles images, quels sons, quels sentiments ressentira votre client quand il aura obtenu satisfaction sur ces trois points ?

Vous savez maintenant ce que veut votre client, vous connaissez son objectif défini en termes sensoriels. Si vous savez en outre que vous pouvez répondre à son objectif, vous êtes parvenu à un accord conditionnel.

Prenons un exemple. Je suis en train de vendre un séminaire de communication à une entreprise d'informatique. Nous en avons fini avec les propos préliminaires. Je sais que mon client est un auditif avant tout, un kinesthésique en second lieu, qu'il est très centré sur l'avenir, et qu'il s'inquiète de la pagaille qui règne en matière de communication dans une entreprise qui pourtant grossit vite. Il a le pouvoir de signer notre contrat mais il a interrompu la transaction. La raison en est, je suppose, que rien ne lui prouve que ma société peut améliorer les techniques de communication de son personnel.

Je demande : « Donc, si nous pouvions vous permettre de parler avec quelques-uns de nos clients satisfaits de nos services, vous vous sentiriez prêt à signer un contrat avec nous ?

— Absolument. Qui sont vos clients ? »

Je lui montre la liste figurant sur notre brochure, puis je la lis à haute voix. Il pourrait la lire lui-même, mais comme c'est un auditif, le fait d'entendre le nom de nos clients les rend plus réels pour lui.

« American Express, Citibank, Chase Manhattan, ATEX, Sears, Tracy Lock/BBD&O, IBM. »

Son expression sévère se radoucit légèrement. « A quelles personnes puis-je parler ? »

Je prends mon carnet d'adresses, lui donne trois noms et numéros de téléphone, et je conclus : « Donc, si ces personnes disent du bien de nous, nous pouvons définir un calendrier. Quel mois préféreriez-vous ? »

— Je vous téléphone au plus tard dans deux semaines.

— Merci de m'avoir consacré votre temps. Ce sera un plaisir pour moi de travailler avec vous. »

Nous nous séparons sur une poignée de mains.

Au cours de cet entretien, j'ai utilisé deux fois la technique du Comme Si : « Donc, si nous pouvions vous permettre de parler avec quelques-uns de nos clients satisfaits de nos services, vous vous sentiriez prêt à signer un contrat avec nous ? » et « Donc, si ces personnes disent du bien de nous, nous pouvons définir un calendrier ? ».

Pour gagner du temps, utilisez l'accord conditionnel dès le début de la visite.

Le client marcha au premier Comme Si et se déroba devant le second. (Je ne remporte pas que des victoires en matière de vente. Si c'était le cas, il n'y aurait plus de défi à relever.) La technique du Comme Si permet de gagner bien du temps. En moins de cinq minutes vous pouvez savoir si votre produit est en mesure de s'adapter de façon satisfaisante aux besoins de votre client. Ensuite, tout ce que vous avez à faire est de souligner ce fait en termes compréhensibles pour lui. En lui apprenant que ce que vous avez à lui offrir correspond à son objectif, vous en faites un allié.

Objectifs adaptés

Nous avons exposé au premier chapitre ce qu'était l'adaptation des objectifs. Le prochain chapitre, consacré à la négociation, présente différentes techniques permettant de rendre cette adaptation agréable et d'ajuster à la perfection les objectifs respectifs. Quelle que soit la situation, vous trouverez quelque part dans ce livre la technique qui lui convient. Si ce n'est pas le cas, serrez la main de votre interlocuteur et partez ; vous aurez gagné du temps. Le monde est un festin. Ne restez pas assis devant un placard vide.

GÉRER LES OBJECTIONS

Pour gérer les objections d'un client, il suffit de les éliminer avant qu'elles ne surviennent. Pour cela, le mieux est de garder en tête l'objectif de votre client. Si vous l'aidez à atteindre son objectif, et qu'il le sait, il y a peu de chances pour que vous entendiez une quelconque objection.

S'il élève tout de même une objection, clarifiez de nouveau son objectif en utilisant l'ABC des objectifs. Lorsqu'il y a objection, cela signifie que vous n'accompagnez pas votre client vers sa destination. Respirez profondément, vérifiez que le rapport est établi, et recueillez plus d'informations sur son objectif.

Il y a une autre façon, moins efficace, de couper court aux objections, c'est d'exagérer. L'exagération est moins efficace que la clarification des objectifs car elle est à la limite de l'insulte. Dans ce cas, le jeu serait terminé. La marge est très étroite entre l'humour de bon goût et l'insulte, mais si vous savez rester en équilibre sur cette frontière, l'exagération peut être un outil efficace. Cependant, c'est un outil à double tranchant, et très aiguisé. Il peut casser le rapport et vous faire perdre la vente s'il n'est pas utilisé avec suffisamment d'habileté et de tact.

Si vous connaissez votre client et que le rapport est solidement établi, vous pourriez vous lancer avec quelque chose de ce genre :

Le client : Pourquoi dépenserais-je de l'argent pour de nouveaux pneus alors que les pneus rechapés sont une si bonne affaire ?

Vous : C'est en effet une bonne affaire. Et si vous aimez ce genre d'affaire, vous pouvez aussi réaliser 100 % d'économies en roulant avec les pneus que vous avez actuellement jusqu'à ce qu'ils éclatent.

Cependant, si vous craignez de dépasser les bornes, abstenez-vous. Revenez aux objectifs.

Rapport

Vous avez besoin du rapport tout au long de la visite commerciale. Point final.

Savoir résumer la visite et annoncer la prochaine étape

Un excellent vendeur me dit un jour que fixer une étape à la suite d'une vente éviterait à l'acheteur d'avoir des regrets. Je ne sais pas si c'est vrai, mais je trouve que c'est une bonne idée de terminer toute transaction par un résumé et d'envisager l'étape suivante. Celle-ci peut être une date précise —

le 15 mars, par exemple — fixée pour la signature, le paiement, la livraison, ou quoi que ce soit d'autre.

Le stéréotype du vendeur de voitures d'occasion a fait du tort à une profession qui rend service à chacun d'entre nous. Nous sommes tous des vendeurs : nous vendons des idées, des opinions, des intérêts et des services peut-être plus souvent que des marchandises. Les processus que nous utilisons pour convaincre un ami de nous accompagner au cinéma ou de voter pour un certain candidat sont les mêmes que ceux dont disposent un excellent vendeur ou un artiste célèbre. Si la vente est votre gagne-pain, vous augmenterez vos commissions en pensant à la vente comme à un processus. Vous augmenterez votre crédibilité, votre confiance en vous et votre intégrité en pensant à la vente en termes de besoins et de produits qu'il s'agit d'adapter l'un à l'autre.

RAPPORT

Se serrer la main, et poursuivre son chemin.

Adapter ses objectifs pour éviter les regrets de l'acheteur.

*Créez une multitude de possibilités
pour atteindre votre objectif.*

9
La négociation

Nous entendons par négociation toute communication entre deux ou plusieurs personnes dont les buts sont apparemment opposés. Autant dire qu'un tel terme va bien au-delà de l'image classique d'une négociation opposant les employés à la direction, les enseignants à leur administration, les gouvernements à d'autres gouvernements. Les mêmes principes peuvent s'appliquer à toute négociation, qu'il s'agisse du choix d'un restaurant pour dîner, d'une fusion de sociétés, ou de la fin d'une guerre. Encore une fois, nous allons examiner un processus ; vous pourrez l'appliquer au thème de votre choix.

La première chose à faire avant d'entamer toute négociation est de se fixer un objectif. Il est bon de prévoir tous les cas de figures, du meilleur au pire. Quelle serait l'issue la plus favorable ? Quel serait le minimum que vous puissiez accepter ? Si vous faites partie d'un groupe, mettez-vous préalablement d'accord entre vous là-dessus.

Vous pouvez d'ailleurs utiliser le même procédé pour négocier avec votre propre groupe. Avoir clairement conscience de ce que l'on veut obtenir, c'est déjà posséder un avantage. Vous pouvez maintenant mettre à profit votre savoir-faire : il vous aidera à obtenir un résultat qui soit satisfaisant pour les deux parties. Ce type de négociation aura des prolongements bénéfiques, et vous n'aurez pas à affronter les regrets d'un interlocuteur déconfit.

La seconde chose à faire est de recueillir le maximum d'informations sur l'autre personne et sur ses positions. Toutes les contraintes extérieures, dans la mesure où elles pèsent sur la négociation, constituent un domaine à explorer. Il peut s'agir de contraintes d'ordre économique, social, politique, familial, ou de contraintes de temps. Ces éléments ont une grande influence sur le résultat de la transaction. Un négociateur ou un médiateur intelligent les garde présents à l'esprit et les utilise constamment, depuis l'élaboration de l'ordre du jour jusqu'au stade final où l'on s'accorde sur le déroulement de l'après-négociation.

En troisième lieu, assurez-vous que la personne avec laquelle vous traitez est en mesure de prendre la décision finale. Vous n'allez pas soumettre votre meilleure proposition à des intermédiaires, qui la présenteront ensuite à un tiers qui décidera.

La quatrième étape de ce processus de négociation consiste à faire admettre qu'il existe un terrain d'entente. C'est là qu'il peut être utile d'échanger des banalités. Peu

La négociation est une communication dans laquelle deux ou plusieurs personnes semblent avoir des buts opposés.

Sans aspirations communes, il n'y a pas de motivation. Autant rentrer chez vous.

importe que vous n'ayez le même avis que sur les joies de la famille et le plaisir d'un bon repas, ou que vous vouliez que le syndicat et l'entreprise survivent ; mais vous devez impérativement convenir d'aspirations communes.

Ne négociez jamais avec un intermédiaire, sauf si vous savez que c'en est un et que vous n'avez pas le choix.

LES TECHNIQUES ET LES CAPACITÉS SYNTONIQUES DES GRANDS NÉGOCIATEURS

Presque toutes les techniques présentées dans ce livre ont de l'importance dans la négociation. Les pointeurs et les scénarios de réunions sont particulièrement utiles ; PEGASUS fonctionne aussi bien pour les négociations que pour d'autres types de réunions. Les négociateurs habiles adaptent leurs positions, envisagent les résultats à long terme, récapitulent et posent des questions. Selon le rapport du Groupe de Recherche d'Huthwaite* (excellente étude sur les différences entre un négociateur moyen et un bon négociateur), les négociateurs habiles adoptent aussi des comportements particuliers pour atteindre leurs objectifs. Les remarques issues de cette étude ont été combinées avec des capacités syntoniques clés pour former une liste d'actions dont nous recommandons l'utilisation au cours d'une négociation.

- Utilisez tous vos sens.
- Sachez établir le rapport.
- Dans la plupart des cas, vous pouvez faire mieux que la parade suivie de l'attaque. Considérez plutôt la proposition de l'autre personne comme l'une des nombreuses options possibles. Souvenez-vous de l'ABC des objectifs. Percevoir les intentions cachées derrière une attitude agressive ou défensive vous fera découvrir de nouvelles options.

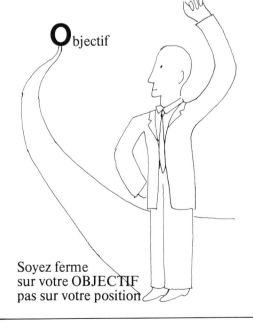

Soyez ferme sur votre OBJECTIF pas sur votre position

* *The Behavior of Successful Negotiators* (Le comportement des grands négociateurs), Londres, The Huthwaite Research Group, 1976/78.

- Tout d'abord, soulignez toute proposition faite par votre partenaire : « C'est un très bon point ; si j'étais à votre place, cela serait important pour moi. » Ensuite, reformulez ses positions, clarifiez ses objectifs, et recherchez ses intentions.
- Evitez les insultes et les provocations.
- Désignez explicitement questions et suggestions — par exemple : « Laissez-moi faire une suggestion » ou « Permettez-moi de vous poser une question ».
- Ne vous bloquez pas sur les options ni sur les étapes y conduisant.
- Evitez les reproches et les accusations.
- Enoncez les raisons que vous avez de faire une proposition, puis faites votre proposition. Cette stratégie est importante car elle coupe court à d'éventuelles objections. Si je demande directement une augmentation, votre esprit cherche aussitôt trente-six raisons de ne pas m'augmenter. Mais si je donne d'abord un motif légitime, et fais ensuite ma proposition, vous serez tenté de discuter mon motif plutôt que la proposition elle-même.
- Encore une fois, donnez quelques raisons, mais pas trop. L'objection portera sur votre argument le plus faible.
- Exprimez vos sentiments : par exemple, « ce que je ressens à propos de cela.... ». Les grands négociateurs expriment beaucoup plus leurs sentiments que les autres.

- Insistez sur les points d'entente.
- Demandez une pause si vous avez besoin de réfléchir à une option nouvellement apparue.
- Si vous êtes en difficulté, (a) faites autre chose ; (b) utilisez la technique du « Comme Si ».
- Rappelez-vous qu'un accord mutuel est ce qui vient en premier, mais c'est sa mise en œuvre qui est la clé du succès ou de l'échec.

CHANGER LA RÉALITÉ

CHANGER LA REALITE désigne un ensemble de techniques utiles pour le cas où la négociation se trouverait dans une impasse. Les formes de pensée évoquées par ce terme sont appelées parfois *niveau logique de pensée*, parfois *pensée abstraite*, ou encore *déplacements de paradigme*. Un paradigme est un modèle de la réalité associé à un ensemble de systèmes de croyance. Votre paradigme limite votre réalité. Les techniques permettant de CHANGER LA REALITE vous rappelleront, à vous et à l'autre partie, qu'il existe des perspectives nouvelles, une autre vision des choses, qu'on peut envisager sous des angles différents ce que l'on est en train de négocier.

Beaucoup d'entre nous sont bloqués par l'idée qu'à tel besoin ne peut correspondre que telle satisfaction. C'est peut-être vrai, mais j'en doute. Le monde est plein de choses étonnantes, peut-être destinées à satisfaire les besoins de quelqu'un. C'est l'adéquation des satisfactions aux besoins qui est réellement délicate.

Vous pouvez changer le résultat final du mécanisme « perception + pensée ⇒ communication » en changeant le mécanisme de la perception ou le mécanisme de la pensée. Pour mettre en concordance des objectifs apparemment en opposition, examinez votre façon de percevoir et de penser : vous y trouverez l'élément moteur — le mobile — qui vous permettra d'améliorer la situation.

Les techniques pour CHANGER LA REALITE augmentent les capacités de la perception comme de la pensée. Ces treize outils changent votre façon de percevoir une situation de telle sorte que vous et les autres puissiez voir des solutions inaccessibles avec vos schémas de comportements et de pensée habituels.

Procéder par généralisation/réduction

Effectuer une *généralisation* signifie étendre un terme particulier à la catégorie générale à laquelle il appartient. A contrario, effectuer une *réduction* signifie aller d'un terme particulier à un autre plus particulier encore, ou à l'un des éléments qui le composent.

PROCÉDER PAR GÉNÉRA-LISATION/ RÉDUCTION : utile pour trouver quelle motivation se cache derrière la demande

LA NÉGOCIATION

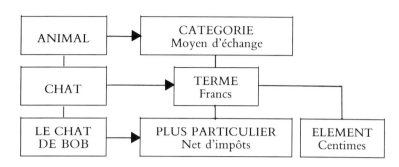

PROCÉDER PAR GÉNÉRALISATION/ RÉDUCTION : *utile pour savoir comment motiver les autres*

Imaginez, par exemple, que deux chefs de publicité soient en concurrence pour un budget fabuleux. Leur directeur général en a assez d'essayer de les départager et d'assister à leurs manœuvres. Il les convoque l'un après l'autre et leur pose deux questions. La première est celle-ci : « Dites-moi, à votre façon, ce que représente pour vous le fait d'obtenir le budget d'UNICORP ? »

Robert devient quelque peu évasif, mais finit par répondre d'une voix pleine d'émotion : « Je saurai que je suis le premier chef de publicité de notre entreprise — après vous, bien entendu. Ce contrat a toujours été attribué au numéro 1 de chez nous. »

Le directeur général effectue une généralisation à partir du fabuleux budget et, dans la catégorie immédiatement supérieure, inscrit *prestige*.

La réponse de Malcolm à la même question est quelque peu différente : « Le patron d'UNICORP aime les publicités créatives. Il a toujours accepté le risque inhérent à toute innovation. Si nous prenons un minimum de risques, il nous permettra d'expérimenter de nouvelles idées que personne d'autre n'aurait acceptées. J'ai quelques idées... » Sa phrase reste en suspens.

Le directeur général effectue une généralisation à partir du fabuleux budget et, dans la catégorie immédiatement supérieure, inscrit *expression créative*.

La seconde question posée par le directeur général est : « Si vous obtenez ce budget, en quoi votre travail quotidien sera-t-il différent ? »

Robert répond : « J'accrocherai aux murs de mon bureau les encarts concernant UNICORP parus dans *Forbes*. »

Malcolm répond : « Je pourrai utiliser les textes de Marianne et vérifier qu'ils se vendent aussi bien que je le crois. »

Le directeur général effectue une réduction jusqu'aux motivations de chacun d'eux à obtenir le budget. Pour Robert, il écrit *encarts de Forbes au mur* ; pour Malcolm, *pour vérifier l'efficacité des textes*.

Puis le directeur général donne à Robert un nouveau titre, directeur adjoint, qui lui donne le droit d'accrocher toutes les annonces de l'agence au mur de son bureau. Malcolm obtient le budget d'UNICORP.

Dans *The Art and Science of Negotiation*, Howard Raiffa utilise une métaphore pour décrire cette technique de négociation. Il appelle cela faire un plus gros gâteau de sorte que chacun puisse avoir la part qu'il désire. Le raisonnement par généralisation et réduction fonctionne merveilleusement bien lorsqu'une négociation piétine, ouvrant de nouvelles perspectives. Si vous êtes en désaccord et que cette façon de penser ne vous permet pas de vous en sortir, ne désespérez pas. Il y a douze autres moyens pour aider chacun à obtenir ce qu'il veut.

PROCÉDER PAR GÉNÉRA-LISATION/ RÉDUCTION : pour découvrir de nouvelles options

Amusez-vous à procéder par généralisation et réduction sur la liste de mots suivante. (Il y a plusieurs réponses possibles.)

GENERALISATION		REDUCTION	
CATEGORIE	TERME	TERME PLUS SPECIFIQUE	ELEMENTS
Situation sociale	Adhésion à un Conseil d'Administration	C.A. de l'UNICORP	Voyages d'affaires, revenus annexes, relations
Moyen d'échange	Argent	Net d'impôts, fausse monnaie, coût de la vie, francs	Centimes, billets, gravure
Moyen de transport plus lourd que l'air	Avion	Modèles réduits, DC 7, avion à réaction, avion en papier	Ailes, cockpit, fuselage, instruments de bord
Sentiment	Colère	Noire, intense, maîtrisée, explosion	Les poings serrés, le visage rouge, la respiration haletante
Moyens de production	Usine	Aciérie, usine robotisée	Tapis roulant, tours, hauts fourneaux

Chaque fois qu'une négociation semble au point mort, vous devez pouvoir effectuer une généralisation puis une réduction sur les points litigieux. Si le problème se pose en terme d'argent, comme c'est souvent le cas, il peut vous être utile d'opérer une généralisation vers le fait que l'argent est simplement un moyen d'échanger du temps, des services, ou des produits. Dans ce déplacement vers une catégorie plus large peut se trouver la solution. Les syndicats veulent peut-être travailler trente-cinq heures plutôt que quarante heures par semaine. Leur souci n'est pas de gagner plus d'argent, mais de travailler moins pour le même salaire. Ils peuvent peut-être produire la même quantité de biens en moins de temps. Une des solutions serait d'envisager « la quantité de biens produits » et de l'échanger contre de l'argent. Les négociateurs efficaces recherchent des solutions ; celles-ci naissent du procédé de généralisation/réduction.

Echelle des valeurs et échelle des critères

Une échelle est l'organisation de termes par ordre de priorité. Le terme le plus important est situé en position 1, le suivant en position 2, etc. Les échelles de valeurs et de critères varient selon les individus et sont en rapport étroit avec leurs systèmes de croyance.

Echelle des valeurs. Nous vivons tous selon des systèmes de croyance. Même le pire vaurien possède une ligne de conduite, quelque chose à laquelle il croit. L'amitié compte peut-être beaucoup pour lui ; il ne laissera pas tomber un ami. Il peut tenir à sa femme ; il volera pour lui acheter des bijoux et se battra pour la protéger. Il peut aimer sa patrie ; il s'engagera et mourra pour elle.

Nos systèmes de croyance et nos valeurs sont étroitement associés. Nous sommes poussés à agir et à prendre des décisions en fonction de ces systèmes de croyance et de ces valeurs. Celles-ci sont souvent inconscientes. Nous ne savons pas pourquoi nous avons choisi de mentir ou mourir ou de rester honnête, mais nous avons choisi.

Si nous avions tous les mêmes valeurs avec les mêmes priorités, les choses seraient simples. Ce n'est évidemment pas le cas. Les uns accordent une grande valeur à l'opinion d'autrui ; les autres s'en moquent. Ceux-ci décident tout seuls, sans se soucier des autres.

Non seulement les gens ont des valeurs différentes, mais en plus chacun attache plus d'importance à certaines valeurs qu'à d'autres. Lorsqu'au moment de prendre une décision les différentes valeurs d'un individu se trouvent en conflit, c'est la valeur la plus élevée qui détermine le comportement. Si achever un rapport a plus de valeur que d'être à l'heure à un rendez-vous, même l'employé le plus ponctuel peut arriver en retard à une réunion.

Connaître la hiérarchie des valeurs de votre adversaire (ce qui est le plus important pour lui, ce qui l'est moins, ce qui l'est très peu) vous permettra d'aboutir à un accord satisfaisant pour tous. Même votre adversaire sera fier de cet accord et l'honorera, car vous aurez respecté son système de valeurs et vous y serez adapté.

Les désirs de l'être humain semblent se ranger en trois catégories, une fois que les besoins primaires — la faim, la soif, un refuge, le désir sexuel — sont satisfaits. Il est utile de savoir cela quand on négocie, afin de connaître l'intention qui se cache derrière la demande. L'intention peut être de l'ordre de l'*identité* — découvrir, savoir et confirmer qui vous êtes ; de l'*appartenance* — l'amour, ou le sentiment d'appartenir à quelqu'un ou à un groupe ; ou de la *puissance* — le sentiment que vos actes ont un impact.

Ces besoins semblent être des processus naturels qui nous poussent à les satisfaire. Si vous ne vous sentez pas puissant, vous aurez envie de faire des choses qui témoignent de votre puissance. Si vous ne savez pas qui vous êtes, vous allez continuer à essayer différentes personnalités, à la recherche de celle qui est la vôtre. A la recherche de la congruence, peut-être. Si aucun lien ne vous unit aux autres, vous serez à la recherche d'un partenaire, d'une cause, d'une religion ou d'un groupe.

Les experts débattent sans cesse de ces besoins en essayant de les hiérarchiser. Mais le plus important est de reconnaître que l'échelle de ces besoins varie d'un individu à l'autre. Et aussi que les besoins se rattachent souvent à deux ou trois catégories à la fois. Un sentiment de puissance peut vous aider à savoir qui vous êtes. Savoir qui vous êtes peut vous aider à vous sentir plus en communion avec les autres. Se sentir puissant peut renforcer votre identité. Ces besoins sont liés, et quelquefois l'un demande à être satisfait, quel-

LA NÉGOCIATION

CHANGER LA REALITE
1. *Procéder par généralisation/ réduction*
2. *Echelle des valeurs et des critères*
3. *Un autre objectif*
4. *Conséquences négatives*
5. *Inventer une métaphore*
6. *Donner un contre-exemple*
7. *Redéfinir l'objectif*
8. *Effet, cause à effet*
9. *Se mettre à la place de l'autre*
10. *Trouver des équivalents*
11. *Motivation*
12. *Le temps*
13. *Votre modèle de la réalité*

quefois c'est un autre. Parfois, les trois exigent d'être satisfaits par un seul comportement.

Une fois que vous savez de quelle catégorie il s'agit, vous pouvez peut-être satisfaire les besoins des autres de plusieurs manières différentes. Les techniques pour CHANGER LA REALITE vous aident à trouver de nouvelles façons de penser afin de découvrir ces besoins, puis de savoir les satisfaire autrement.

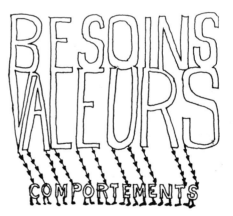

Pour découvrir votre propre échelle de valeurs, examinez la liste ci-dessous. Choisissez vos six valeurs principales et donnez-leur une note de un à six — un pour la plus importante, six pour la moins importante. Vous connaîtrez ainsi vos valeurs prioritaires.

IDENTITE	APPARTENANCE	PUISSANCE
la réputation	l'amour	le succès
le respect de soi	le respect de mes enfants	être le plus malin
le succès	mon nom de famille	la créativité
l'intégrité	l'honneur	l'argent
le respect de mes enfants	la religion	le pouvoir
l'honnêteté	le charme	la situation sociale
la créativité	l'intelligence	le talent
le conformisme	l'admiration des autres	l'intelligence
l'originalité	le désintéressement	l'indépendance
la forme physique	l'obéissance	l'ambition
l'honneur personnel	l'honneur de la famille	le choix
le caractère	l'amitié	la ténacité
la jeunesse	bien élever mes enfants	l'esprit de revanche
le professionnalisme	le sexe	l'âpreté au gain
la générosité	la morale	l'individualisme

Vous remarquerez que de nombreuses valeurs sont apparentées, et sont souvent le résultat des besoins d'identité, d'appartenance et de puissance. Ces valeurs, ainsi que les croyances qui leur sont rattachées, se sont formées à partir de besoins humains naturels. Mais méfiez-vous : ces besoins, ces valeurs et ces catégories varieront d'un individu à l'autre.

Comment utiliser cette échelle de valeurs au cours d'une négociation ?

1. Trouver la valeur la plus importante pour vos adversaires, en étant attentif à leurs propos.
2. Leur montrer de quelle façon ils peuvent, en vous aidant à atteindre votre objectif, satisfaire leur valeur principale, ou une valeur plus importante que l'objectif qu'ils envisagent à ce moment-là. C'est une version plus raffinée de l'adaptation des objectifs, et elle ouvre la voix à de nouvelles possibilités.

Supposons que vous soyez président d'une entreprise de taille moyenne cotée en bourse. Une équipe d'investisseurs, souhaitant acheter toutes les actions de votre entreprise au double de leur valeur, vous contacte. Ils se font représenter par trois agents autorisés à effectuer cet achat. Ceux-ci sont prêts à signer un contrat pour que vous et votre équipe continuiez à diriger l'entreprise pendant cinq ans. Vous et tous vos actionnaires pouvez gagner de l'argent dans cette opération.

Vous acceptez de soumettre leur proposition à votre conseil d'administration. Vous vous apercevez alors que ni vous ni vos administrateurs ne veulent être achetés. Vous aimez diriger cette entreprise, et les bénéfices que l'on vous propose de réaliser ne vous tentent pas le moins du monde. Vous gagnez suffisamment d'argent et aimez votre travail. Cependant, vous ne pourriez vraiment pas empêcher cette équipe d'investisseurs d'acheter en bourse la totalité de vos actions. Aussi, pour éviter une Offre Publique d'Achat sur votre entreprise, vous organisez une nouvelle réunion avec les trois agents.

Tout ce que vous savez de ces investisseurs, c'est qu'ils veulent acheter une entreprise de taille moyenne car ils veulent faire des bénéfices. Leur valeur prioritaire est donc le profit, alors que vous et vos administrateurs privilégiez la satisfaction de bien gérer votre entreprise. Ces valeurs opposées risquent de créer un conflit.

Au cours de la réunion, vous découvrez que les éventuels acheteurs veulent également diversifier leurs investissements. Ils ont jusqu'à présent investi dans l'or, et estiment que la diversification serait pour eux une sécurité dans une économie en pleine mutation.

Votre objectif est de les convaincre de ne plus s'intéresser à votre compagnie. Pour cela, vous examinez leur valeur principale : le profit, avec pour critère supplémentaire qu'il doit provenir d'une autre activité que l'or. De plus, ils veulent acheter toute la compagnie, et non une partie.

Au cours de la négociation, vous vous basez sur leur valeur prioritaire, le profit. Tout d'abord, vous faites remarquer que ni vous ni votre conseil d'administration ne souhaite que l'entreprise soit achetée ; ce qui, en soi, pose un problème. Puis vous faites la liste de toutes les difficultés (réelles) que votre entreprise risque de rencontrer au cours des cinq prochaines années. Enfin, vous indiquez cinq branches d'activités susceptibles de leur faire gagner plus d'argent au cours des cinq prochaines années. Votre entreprise ne les intéresse plus.

Je vous ai résumé ici le scénario d'une tentative d'OPA qui a réellement eu lieu. C'est souvent en découvrant la valeur prioritaire de son adversaire que l'on influence une négociation.

> Voici un autre exemple mettant en scène Irène, qui négocie avec son patron l'occupation d'un bureau personnel à la place d'un box. Au cours d'une réorganisation des bureaux, elle échoua dans un box alors qu'auparavant elle occupait un bureau. Elle pensait que la technique de l'échelle des valeurs serait le meilleur moyen pour atteindre son objectif.
>
> Un après-midi, Irène et Robert sont assis dans le bureau de ce dernier. Irène commence : « Robert, je voulais te parler d'une chose qui t'intéressera certainement. »
>
> Robert répond : « Et quelle est cette chose qui a tellement d'importance que tu prends rendez-vous avec moi ? Ici, les problèmes se traitent habituellement de façon informelle. » Il y a dans sa voix une légère irritation et un soupçon de désapprobation.
>
> « Je sais, et j'aime cet aspect informel. J'aime aussi cette atmosphère que tu as su créer, grâce à laquelle chacun de nous peut faire son travail, et le faire bien.
>
> — Merci. Mais ce n'est pas pour cela que tu es venue me voir.
>
> — Non, tu as raison. Ce n'est pas de cela que je veux te parler, bien que ce soit lié. » Une pause.
>
> Robert, maintenant franchement impatient, réplique : « Que veux-tu dire ? Vas-y, explique-toi.
>
> — C'est à propos de mon nouveau bureau. » En disant cela, elle voit à l'expression de son visage que Robert, jusque-là réceptif, se ferme. Se ferme complètement. Elle sait qu'il est sur la défensive dès que l'on aborde le sujet de la réorganisation de l'étage où travaille Irène. Personne n'aime le nouvel aménagement. Robert le sait, mais a refusé de discuter de ce problème. Irène change de tactique.
>
> « Ecoute, Robert, je sais que tu avais de bonnes raisons pour modifier l'aménagement des bureaux. Je sais aussi que tu te soucies de nos conditions de travail. Mais parfois, les choses ne se passent pas exactement comme on l'a prévu. » En entendant l'écho de sa propre position dans cette affaire, Robert se détend légèrement.
>
> Il répond : « Je veux laisser le nouvel aménagement pendant quelques mois, et voir si cela marche ou pas. Si dans trois mois les gens sont toujours mécontents, j'étudierai à nouveau la question. »
>
> Trois mois ! Le cœur d'Irène se met à battre. Elle ne peut pas travailler bien dans son box. Son ancien bureau avait des murs et une fenêtre, et elle pouvait se concentrer sur son travail. Mais là, dans

son nouveau box, les voix et le remue-ménage des autres la rendent folle.

Elle respire profondément et dit : « Je sais que tu dois souvent prendre des décisions difficiles. C'est ton rôle. Parce que tu prends de bonnes décisions, les gens aiment travailler ici. J'aime travailler ici. Mais je crains que mes capacités ne diminuent tellement au cours des trois prochains mois que tu ne veuilles plus me garder. Je n'arriverai sans doute plus à fournir les résultats que tu attends de moi. » Robert venait juste de donner une promotion à Irène, et il savait qu'elle avait de grandes capacités.

« Pourquoi ?

— Parce que je suis constamment interrompue et distraite par tout le bruit qu'il y a autour de moi.

— Ne peux-tu pas faire abstraction de ce bruit ?

— D'habitude je peux, mais avec ces nouvelles missions, je suis tout le temps au téléphone. Il y a tellement de bruit que les clients que j'ai au bout du fil se plaignent de ne pas comprendre ce que je dis. » Elle attend sa réponse, et sait qu'il se sent impliqué.

« Oh, je ne pensais pas que le bruit était à ce point. Les clients, dis-tu ? »

Irène changea de bureau le lendemain. Le reste du personnel attendit trois mois que les bureaux soient réaménagés.

Irène savait que Robert privilégiait les performances de ses employés et la satisfaction de ses clients ; qu'il pût avoir tort n'avait pas tant d'importance. Elle avait été la seule, parmi les employés, à avoir su ou pu utiliser l'échelle des valeurs de Robert. Lorsqu'Irène l'eut persuadé que ses performances et la satisfaction des clients étaient en jeu, il fit en sorte de modifier la situation.

Si Irène avait dit à Robert qu'elle détestait son nouveau box, rien ne se serait passé. Si elle avait menacé de démissionner, il aurait pu accepter sa démission. Si elle s'était fait le porte-parole de tous ses collègues, rien ne se serait passé. Mais en l'avertissant que l'aménagement de ses bureaux menaçait les performances de ses employés et constituait un danger pour les relations avec les clients, Irène a atteint son objectif. Les autres facteurs constituaient aussi des raisons valables et logiques de réaménager les bureaux, mais ils n'auraient pas marché avec Robert. Il était habitué aux récriminations des employés lorsque survenait un quelconque changement d'ordre matériel. Les récriminations le laissaient froid.

Le fait de connaître l'échelle de valeurs de quelqu'un permet de lui présenter l'information de telle sorte qu'il soit poussé à agir. Irène devait savoir que le fait d'avoir raison était moins important pour Robert que les performances des employés et les relations avec les clients. En adaptant ses arguments aux valeurs de Robert, Irène

> s'adressait également à son objectif : des employés hautement performants et de bonnes relations avec la clientèle. Il était assuré d'obtenir des résultats positifs dans ces deux domaines en mettant Irène dans un bureau. C'est une façon perfectionnée d'adapter ses objectifs. En adaptant votre objectif aux valeurs de l'autre personne, vous gagnerez tous les deux.

Comment découvrir les valeurs prioritaires ou les valeurs relatives de quelqu'un ? S'il s'agit de quelqu'un avec lequel vous travaillez depuis un certain temps, vous les connaissez probablement déjà. S'il s'agit d'une connaissance récente, il vous faut écouter et poser des questions. Une question du genre « Qu'est-ce qui vous a décidé à prendre ce travail ? » vous donnera des informations sur ses valeurs. Nos valeurs transparaissent dans pratiquement toutes nos phrases, dans nos sujets de conversation, et dans nos motifs de plaintes. Nos centres d'intérêt dévoilent nos valeurs à qui sait écouter. Nos centres d'intérêt sont nos besoins. Nous avons tous trois besoins de base, en plus des besoins primaires. C'est en satisfaisant ces besoins que nous déterminons nos valeurs. Ces valeurs sont les clés permettant à la fois de comprendre et de modifier nos actions.

Echelle des critères. Nos critères personnels sont légèrement différents de nos valeurs. Les valeurs sont les principes, les normes, les qualités que nous considérons comme valables ou désirables. Les critères personnels sont les perceptions que nous avons estimées importantes. Nos critères personnels sont constitués par les qualités que nos cinq sens remarquent tout de suite. Nous choisissons une certaine catégorie de stimuli externes et nous nous en servons pour déterminer ce qui est désirable et ce qui ne l'est pas. Nos critères captent notre attention et sont ce qui nous importe le plus. Ces critères sont aussi appelés *principes de tri* : nous trions nos perceptions et tenons compte de celles que nous estimons importantes.

Par exemple, il y a des gens pour lesquels les autres sont le critère le plus élevé. L'élément le plus important de leur vie, ce sont les autres. Si vous demandez à de telles personnes de décrire le plus beau jour de leur vie, elles vous parleront des gens qui étaient présents ce jour-là. Pour d'autres, l'action est leur point fort. En réponse à la question précédente, elles vous raconteront ce qu'elles ont fait. Pour d'autres, le plus important sera le lieu où elles se trouvaient ce jour-là ; elles vous donneront l'emplacement exact (« en haut des Sierras »). Pour d'autres, ce sera la date ; elles vous donneront la date exacte et probablement aussi l'heure à laquelle les événements ont eu lieu. Ces personnes-là se souviennent toujours des anniversaires, et ne comprennent pas que les autres puissent oublier un anniversaire.

Quelques critères préférés : les gens, les lieux, la date et l'heure, l'action, l'information et les acquisitions

Nos critères sont les catégories larges que nous utilisons de préférence à d'autres pour faire un tri dans la confusion qui nous entoure. Chaque personne possède ses propres critères. Chacun de nous est semblable à un postier, triant la réalité pour en retirer ses propres critères.

Vous découvrirez les critères des autres en les écoutant, et en posant des questions simples. Lorsque vous savez ce qui compte pour tel individu, vous pouvez adapter votre information pour qu'elle corresponde à ses principes. Si les gens sont ce qui importe à votre adversaire, vous pouvez donner du poids à vos paroles en mettant l'accent sur les gens. Prenons un exemple. Deux négociateurs se rencontrent dans le bureau de Jacques avant que la négociation officielle ne commence.

Jacques et Denis sont assis de part et d'autre d'un vaste bureau. Jacques commence : « Je suis content de pouvoir vous rencontrer avant le début de la négociation. »

Denis répond : « Moi aussi. Depuis combien de temps travaillez-vous avec ADF ?

— Depuis plusieurs années, mais ce n'est que depuis un an que je mène les négociations pour eux. C'est tout à fait différent de ce que je faisais avant.

— Et que faisiez-vous ?

— J'étais Directeur du Management.

— C'est effectivement différent. Comment se fait-il que vous ayez changé de poste ? »

Jacques paraît pensif, puis répond : « J'en avais assez de toute la paperasserie ; je voulais travailler avec les gens.

— On dirait que vous aimez votre nouveau travail.

— En effet. Je n'ai jamais travaillé avec des gens aussi coopératifs. Il n'y a guère de conflits entre nous, et quand il y en a, nous nous y attaquons jusqu'à ce que nous soyons tous satisfaits. Cela compte beaucoup pour moi. J'aime que les choses soient claires avec mes collaborateurs. De plus, l'entreprise est en expansion, d'où de nombreuses possibilités d'avancement.

— C'est important, c'est sûr. Si vous aimez résoudre les problèmes des gens, votre entreprise a besoin de vous. Les conflits relationnels constituent à l'heure actuelle le problème le plus difficile à résoudre pour une entreprise. »

Denis connaît maintenant des choses très importantes sur Jacques. Il ne sait pas où Jacques a fait ses études, s'il est marié ni quel est son salaire — toutes choses qui n'ont probablement aucune importance dans la négociation. Par contre, Denis sait que son critère principal (la catégorie qu'il remarque en priorité), ce sont les gens. Il sait aussi que Jacques aime contribuer à résoudre leurs problèmes. Pour avoir un impact positif sur Jacques et ses collègues lors de la négociation, la stratégie de Denis sera de mettre l'accent sur les conséquences qu'entraînera toute décision pour les gens concernés.

Denis a appris une autre chose importante, c'est que Jacques fait des prévisions. Certains passent beaucoup de temps à penser au passé, d'autres ne sont intéressés que par l'instant présent, d'autres encore se concentrent sur le futur. La façon dont les gens vivent dans le temps est un élément d'information important pour une négociation. L'objectif que Denis s'est fixé devra tenir compte des implications futures d'un éventuel accord.

Si Denis a observé les mouvements oculaires de Jacques ainsi que d'autres indices non verbaux, il sait probablement si Jacques se fie de façon préférentielle aux images, aux sons, ou aux sentiments lorsqu'il considère une information. Le vocabulaire de Jacques indique qu'il est à prédominance visuelle, ce qui permet à Denis d'utiliser au cours de la négociation officielle graphiques, tableaux et autres outils visuels. En cinq minutes de conversation, Denis a découvert les trois points clés du mode de pensée de Jacques.

Un autre objectif

La plupart des gens ne savent pas quel est leur objectif le plus important. Si vous les questionnez, de nouveaux objectifs, dont ils ignoraient jusqu'à l'existence, surgiront alors ; objectifs si profondément enfouis dans leur inconscient qu'ils ignoraient leurs propres désirs. Avoir échoué plusieurs fois à atteindre ses objectifs conditionne de nombreuses personnes à cacher leurs désirs profonds. Elles ont si souvent été déçues qu'elles se protègent en cachant, même à leur propre esprit conscient, leurs véritables objectifs.

Soyez sensible à cela et aidez les autres à découvrir ce

qu'ils veulent réellement. Il vous faudra peut-être convaincre l'autre personne que c'est une bonne chose pour elle que d'atteindre son objectif caché. Vous découvrirez peut-être qu'il y a en elle des interdits — des contraintes, « devrait » et « doit » — qui l'empêchent d'exprimer son objectif.

Lucy, agent de change, abandonna un poste stable dans une société internationale pour monter sa propre affaire avec trois collègues masculins. Ils l'avaient choisie car elle était la femme agent de change la plus efficace de toute la ville, et ils s'imaginaient qu'elle attirerait les investisseurs féminins, si rentables, dans leur riche ville de Californie. De nombreuses veuves sans expérience souhaitaient qu'on les conseille dans leurs investissements. Tout naturellement, Lucy devait être leur conseiller.

La nouvelle société à peine créée, Lucy manifesta un comportement étrange. Elle avait quarante ans, et était célibataire. Elle commença par épouser un alcoolique qui la battait quasiment chaque week-end. Puis elle se mit à boire à son tour. Son travail en souffrait. Ensuite elle se mit à s'absenter de son travail, ce qui entraîna des conflits avec ses partenaires. Mais en dépit de tout cela, ses clients continuaient à déposer leur argent entre ses mains. Elle attirait plus d'investisseurs et gagnait plus d'argent que tous les agents de change de la ville.

Ses partenaires décidèrent que Lucy avait besoin de consulter un psychologue. Après deux séances, il apparut clairement que la situation dans laquelle s'était mise Lucy était la conséquence d'une règle, d'un interdit dont elle ignorait l'existence. En tant que féministe convaincue, elle morigénait constamment ses associés masculins chaque fois qu'ils s'écartaient du droit chemin. Cependant, il existait au fond d'elle-même un souvenir qui venait contrecarrer ses opinions sur la libération des femmes : « Les femmes ne doivent pas gagner plus que leurs collègues masculins. » Bien que ses parents n'aient jamais exprimé cette règle, ils la lui avaient bel et bien apprise, par leur attitude. Quand sa nouvelle situation professionnelle lui assura un revenu supérieur à celui de ses collègues, elle manifesta toutes sortes de comportements destructeurs pour éviter de transgresser cette règle inconsciente.

Lorsqu'elle eut pris conscience de cette introjection, celle-ci perdit son pouvoir. Son objectif conscient, qui était de réussir financièrement, n'était plus bloqué par un policier intelligent, son inconscient. Elle cessa de boire, divorça, et réalise maintenant la plus grosse part du chiffre d'affaires de la société.

A première vue, l'objectif de Lucy semblait être l'échec. Son objectif conscient était entravé par son objectif inconscient, plus fort parcequ'insoupçonné. Les objectifs peuvent être contrecarrés de bien des façons. En général ce sont nos actions qui entravent nos objectifs, et non pas les actions des autres. Découvrir nos objectifs réels et aider nos adversaires à découvrir les leur constitue un outil puissant de négociation.

CLARIFIER LES OBJECTIFS

Tout en découvrant les objectifs réels de l'autre, gardez en tête :
- *L'acuité sensorielle.* Si le visage du représentant syndical s'éclaire lorsque vous parlez de vacances aux Caraïbes, vous pouvez peut-être proposer que les dépenses occasionnées par les vacances soient à la charge de l'entreprise, plutôt que d'accorder cette augmentation d'un dollar l'heure qu'il vous réclame.
- *Introjections.* Elles peuvent empêcher l'autre personne de prendre conscience de ses vrais objectifs.
- *L'ABC des objectifs* (voir chapitre 1).

L'incapacité des êtres humains à savoir ce qu'ils désirent vraiment et à atteindre leurs désirs de façon naturelle est un thème fréquent dans la littérature et la poésie. C'est à cette tendance que fait allusion Auntie Mame quand elle dit : « La vie est un festin, et tous ces imbéciles se laissent mourir de faim. »

Aidez l'autre personne à connaître son objectif majeur et trouvez un moyen pour adapter cet objectif au vôtre ; ainsi vous aurez en main une combinaison gagnante.

Conséquences négatives

Beaucoup de gens s'enfuient pour échapper à la souffrance plus vite qu'ils ne courent vers le plaisir. Bien sûr, nous retirons tous nos mains d'un poêle brûlant plus vite que nous ne nous attablons devant un festin. La simple menace d'une conséquence négative suffit à persuader certains de changer d'objectif. Dans la plupart des cas, les adversaires n'ont pas envisagé tout ce qui se produirait s'ils atteignaient leur objectif. Souligner d'éventuelles conséquences négatives peut les inciter à rechercher d'autres objectifs. Même s'ils obtiennent tout ce qu'ils veulent au cours de cette négociation, les choses changeront. Et quand les choses changent, la boîte de Pandore risque de s'ouvrir. Expliciter le contenu éventuel de la boîte de Pandore peut les amener à réexaminer leur objectif initial.

Inventer une métaphore

Les métaphores sont des histoires, vécues ou imaginées, que l'on raconte pour illustrer un point de vue particulier, clarifier un concept en prenant un exemple concret, ou amener quelqu'un à une conclusion déterminée. Les métaphores complexes sont des comparaisons tellement déguisées que l'inconscient « voit » la comparaison, mais que l'esprit conscient s'y laisse prendre.

Sur le plan professionnel, les métaphores les plus courtes sont les meilleures. Voici deux exemples différents mais typiques de situations professionnelles.
- J'ai l'impression d'être un jongleur à qui on lance deux oranges supplémentaires alors qu'il y en a déjà cinq en l'air.
- Apprendre cela rapidement, c'est comme essayer de boire à une lance à incendie.

Un agent commercial me donna un jour un bon exemple de métaphore compliquée. Elle vendait des formulaires destinés à simplifier une procédure complexe de recouvrement de l'impôt sur le revenu. Si l'on suivait les formulaires, les étapes de cette procédure devenaient simples. Elle en vendait aux avocats et aux comptables. En arrivant à un rendez-vous chez un client potentiel, elle déposait soigneusement les clés de sa voiture sur le bureau. Son porte-clés était un Rubix Cube. Le client demandait généralement si elle savait assembler le cube. Elle répondait modestement : « Oui. » Puis l'acheteur demandait comment elle avait appris à le faire. « C'est facile, répondait-elle, j'ai acheté un livre qui expliquait la marche à suivre, étape par étape. » Ensuite, elle se mettait à expliquer comment son produit pouvait faciliter le travail du client.

Fondamentalement, une métaphore est une histoire racontée dans un but précis. Ce but peut dans certains cas être bien caché, car les métaphores complexes sont mieux comprises par l'esprit inconscient qui garde ouvert en permanence les cinq portes de la perception. Cet esprit-là, qui n'est pas limité par le traitement successif des informations, en sait plus que nous. Il apprécie les métaphores, il s'en amuse et s'en instruit. La ruse, pour communiquer efficacement, c'est de mettre sur le même plan la connaissance et l'énergie de l'inconscient avec la connaissance et l'énergie du niveau conscient. Les métaphores permettent de réaliser cette mise à niveau.

L'une des utilisations classiques de la métaphore est de comparer ce qui est familier à ce qui ne l'est pas, de telle sorte que la nouveauté et l'étrangeté s'ajoutent à notre modèle de la réalité. Il y en a une autre : signaler un aspect insolite d'une chose familière, si bien que nous la voyons alors avec d'autres yeux. Ces nouveaux yeux ont été fournis par l'auteur de la métaphore et transmettent son point de vue. Cela change parfois la façon dont l'auditeur envisag un problème déjà codé dans son modèle de la réalité. Ces métaphores classiques sont utiles dans toute communication professionnelle, à condition qu'elles soient brèves. Grégoire voulait démissionner de son poste de directeur pour monter sa propre affaire. Il souhaitait également que la société qui l'employait jusque-là devienne l'un de ses futurs clients. Situation délicate, n'est-ce pas ? Grégoire se mit alors à envisager le passé, pour voir s'il avait déjà vécu une telle succession d'événements : quitter une position dans une organisation, voler de ses propres ailes, et conserver les bonnes dispositions de l'organisation à son égard au point que les membres de l'organisation seraient prêts à se séparer de lui, puis à rétribuer ses services ultérieurs. L'expérience la plus proche qu'il put trouver fut lorsqu'il quitta les membres de sa famille tout en conservant leur aide et de bonnes relations avec eux. Il pensa que cette séparation familiale était une expérience suffisamment courante pour être familière à de nombreuses personnes, y compris à son patron.

En établissant cette comparaison, Grégoire trouva un autre point commun à ces deux situations. Le fait de quitter la maison avait été consécutif à un changement personnel : il avait atteint ses vingt ans et se sentait suffisamment mûr pour voler de ses propres ailes. De la même façon, certains changements avaient précédé son désir de quitter l'entreprise. Une récente réorganisation avait rendu la situation de Grégoire peu prometteuse pour un homme jeune et ambitieux comme lui. Il pensait que son patron le comprenait fort bien.

Grégoire demanda donc un rendez-vous à son patron, et commença ainsi : « Les derniers mois que j'ai passés ici, à l'ADF, m'ont rappelé l'époque où j'avais vingt ans. Un jour, je compris que quelque chose avait changé. Je voulais quitter la maison de mes parents. Les choses n'étaient plus comme avant, et je sentais qu'il était temps de partir. J'en parlai à mes parents, obtins leur consentement, et nos relations s'améliorèrent même après mon départ. Je leur étais reconnaissant de ce qu'ils avaient fait pour moi, et ils semblaient en être heureux.

Lorsqu'ils acceptèrent de venir dîner chez moi, je sus que j'avais eu raison de partir. Je ne suis pas mauvais cuisinier. Je peux tenir mes promesses. Ma mère fut ravie de voir tout ce que j'avais appris grâce à elle et dont je faisais bon usage.

Grégoire s'enquit alors de la façon dont son patron voyait son avenir personnel au sein de l'ADF. Lorsque son patron admit que la situation de Grégoire n'évoluerait probablement pas pendant plusieurs années, Grégoire dit qu'il envisageait de démissionner et de monter sa propre entreprise. Il expliqua ses projets à son patron et dit que dès que sa société serait lancée, il aimerait prendre rendez-vous pour parler affaires. Le patron de Grégoire coopéra pleinement.

La métaphore de Grégoire appartient à la catégorie des *métaphores personnelles*. C'est très utile lorsque vous êtes dans une situation délicate et que vous avez en tête un objectif précis.

Pour trouver une métaphore, sélectionnez une ou plusieurs situations intimement liées à votre situation actuelle et à votre objectif. Puis assortissez les éléments clés de ces situations à une histoire réellement vécue, ou imaginée. (Vous pouvez utiliser des déguisements subtils ; l'inconscient est si intelligent qu'il les dévoilera facilement.) La dernière partie de la métaphore concerne votre objectif, déguisé.

Les métaphores sont très persuasives. S'il n'y a pas conflit entre votre objectif et ceux de votre auditeur, ce dernier aura tendance à percer votre déguisement et à coopérer avec vous avec plaisir. Le plaisir est un des bénéfices de la métaphore auquel on ne s'attend pas. Les métaphores sont un moyen d'influencer dans la joie.

Donner un contre-exemple

Dès que nos systèmes de croyance sont établis, nous avons tendance à nier les exemples qui vont à l'encontre de nos croyances. Si nous croyons que le monde est un endroit dangereux, nous ne cesserons de réunir les preuves qui le confirment. Si nous pensons que le monde est sûr, nous sélectionnerons parmi nos perceptions les éléments qui le prouvent. Quelle que soit notre décision, nous ferons en sorte qu'elle ne soit pas remise en cause. C'est ainsi que fonctionnent les généralisations. Elles fournissent elles-mêmes les preuves de leur légitimité, et détruisent les informations qui les désavoueraient.

Vous découvrirez peut-être au cours d'une négociation que l'objectif de votre adversaire provient directement d'un système de croyance. Que cette croyance ait été héritée ou soit le résultat d'une généralisation, elle sera un obstacle de taille. Chacune des pierres qui composent ses fondations représente un exemple trouvé par la personne pour justifier sa croyance. Néanmoins, il suffit parfois d'un contre-exemple pour ébranler cette croyance. L'édifice ne s'écroulera pas, mais il sera certainement plus facile de surmonter cet obstacle. Avec les systèmes de croyance, c'est souvent tout ou rien.

Permettez-moi de vous donner quelques exemples. Je crois que la vie est préférable à la mort. Il y a un contre-exemple : lorsque quelqu'un est âgé, malade, qu'il souffre et souhaite mourir. Comment puis-je exiger que les autres restent en vie quelles que soient leurs souffrances ? Ou juger du sens de leur souffrance ?

Autre croyance : tuer n'est jamais une solution à un problème. Contre-exemple : si un tueur fou braque son fusil sur la tempe de mon enfant et que la seule façon de l'arrêter est de le tuer.

En voici un autre. Je ne sais pas quelle est pour autrui la meilleure façon d'agir. Je crois que chacun sait quelle attitude sera pour lui la meilleure solution. Contre-exemple : et si un client vient me voir et me dit qu'après mûre réflexion, il a décidé de se tuer et de tuer sa famille ?

Dans les négociations, comme d'ailleurs dans les réceptions, évitez si possible de parler de patriotisme et de religion.

Lorsqu'un système de croyance bute sur un contre-exemple qu'il ne peut ignorer, il n'est plus inattaquable.

En donnant ne serait-ce qu'un seul exemple contredisant le système de croyance sur lequel repose l'objectif de votre adversaire, vous ouvrez la voie à un changement possible ; c'est comme si vous disposiez d'un levier susceptible de le faire changer de position.

Redéfinir l'objectif

Lorsque vous redéfinissez l'objectif, le langage devient votre allié. Du fait du décalage existant entre une expérience et les mots utilisés pour décrire cette expérience, le langage peut vous procurer de nombreux leviers. Si vous pouvez obtenir que votre adversaire définisse son objectif plusieurs fois, ces définitions constitueront pour vous une mine fabuleuse. Vous pouvez prendre chacun des mots de ses définitions et, en y appliquant les pointeurs, découvrir quel sens ont pour lui ces mots. Chaque fois que vous amenez l'autre à ajouter d'autres mots, ou d'autres sens, à la définition, vous avez plus de possibilités de généralisation ou de réduction.

Effet, cause à effet

A cause des schémas de type stimulus-réponse inscrits dans notre cerveau, nous en venons à créer des liens entre la perception et certaines expériences, ou entre une expérience et une autre. S'il m'arrive quelque chose de désagréable chaque fois que je vois un chat blanc, je peux en conclure que les chats blancs sont la cause d'expériences désagréables. Cela peut être vrai ou faux. La vérité est difficile à trouver. Si je crois que les chats blancs sont la cause d'expériences désagréables, je ferai en sorte que cela devienne vrai. Si je crois que ma mère crie toujours après moi le lundi, ou que mon patron me défavorise toujours, cela deviendra probablement vrai.

Vous pouvez utiliser cela dans une négociation en séparant la cause de l'effet, et en montrant à votre adversaire qu'il se base sur un faux raisonnement. Le problème principal avec la relation de cause à effet est qu'il y a généralement plusieurs causes. La relation de cause à effet est très simple, mais il est facile de tomber dans ce schéma de pensée.

Voici un exemple de la façon dont on peut déconnecter un lien habituel de cause à effet. Supposons que vous soyez en train de négocier avec le porte-parole du Syndicat national des Enseignants. Vous savez, pour vous en être informé, que d'après lui les enseignants travailleraient mieux s'ils étaient mieux payés. Il réclame de plus hauts salaires pour les enseignants afin que les étudiants bénéficient de meilleurs professeurs.

CAUSE : De plus hauts salaires
EFFET : De meilleurs enseignants

Votre premier geste est de déconnecter la cause de l'effet. Vous citez, documents à l'appui, trois cas où les augmentations de salaires des enseignants eurent pour conséquence de plus faibles résultats des étudiants à leurs tests. (Les écrits des chercheurs sont fertiles en contre-exemples car nous essayons tous de justifier notre modèle de la réalité, y compris les chercheurs.)

En second lieu, vous pouvez éventuellement établir un nouveau lien de cause à effet. Cela semble être une manipulation, et effectivement c'en est une. Aussi n'utilisez cette technique qu'avec beaucoup de délicatesse tout en gardant à l'esprit l'objectif de l'autre ; sinon, vous allez au-devant d'une catastrophe. Un faux raisonnement est très puissant, même s'il est faux. Nous tombons facilement dans le mode de pensée qui consiste à voir partout des relations de cause à effet.

CAUSE : Des salaires moyens + des formations rémunérées

EFFET : De meilleurs enseignants

Vous pourrez négocier cette position avec succès tant que les enseignants auront pour objectif de faire un meilleur travail.

Vous pourrez organiser à peu de frais des formations pour tout le monde, et les enseignants se sentiront mieux préparés pour faire du bon travail. Cependant, si l'objectif des enseignants est de gagner plus d'argent, cela ne marchera pas. Vous devrez alors trouver un équivalent à l'argent pour satisfaire leur objectif.

Se mettre à la place de l'autre

Cette technique marche aussi bien pour des partenaires en opposition que pour un négociateur neutre. Il s'agit de la vieille idée consistant à se mettre dans la peau de l'autre. La nouveauté est que la technique présentée ici vous permettra d'ajuster la peau à vos propres mesures.

Cette technique trouve une première application dans le rapport, une seconde dans la synchronisation sur les données sensorielles de l'autre personne. Imaginez ce qu'elle voit, entendez ce qu'elle entend, ressentez ce qu'elle ressent. Demandez-lui de décrire son objectif en termes sensoriels, en se basant sur ces trois sens. Tout en écoutant cette description, synchronisez-vous sur son attitude corporelle et sur les expressions de son visage tout en imaginant le plus précisément possible ses sensations internes. Peut-être alors comprendrez-vous infiniment mieux sa position. Vos propres expériences et votre nouvelle compréhension de sa position font que vous disposez maintenant de nouvelles ressources pour l'aider à atteindre son objectif, ou à trouver un meilleur objectif ; pour elle, et pour vous.

La troisième application consiste à jouer le rôle de votre adversaire pendant dix minutes. Celui-ci, bien entendu, jouera aussi le vôtre. La fonction de ce jeu de rôles est d'exprimer l'objectif de l'autre, et d'explorer de nouvelles

possibilités de solution, quel que soit le dilemme. Vous découvrirez peut-être de nouvelles voies qui satisferont les deux personnes en présence. Puis inversez les rôles : c'est maintenant l'autre qui exprime votre objectif et recherche de nouvelles solutions. Le jeu de rôles augmente la compréhension beaucoup plus qu'on ne pourrait s'y attendre. Le jeu de rôles peut faire surgir de nouvelles possibilités qu'aucun de vous n'avait envisagées pendant que le programme normal « stimulus-réponse » était en cours. Le jeu de rôles met en route un programme différent.

Trouver des équivalents

Trouver des équivalents est un processus simple. Il s'agit de trouver d'autres choses procurant une satisfaction égale à la chose pour laquelle on se bat, ou qu'on est en train de définir. Si ce que l'une des personnes réclame est inacceptable pour l'autre, substituez une alternative de valeur égale acceptable pour les deux personnes.

Le sens personnel, individuel que chacun donne aux mots est basé sur sa propre expérience, aussi y a-t-il souvent de larges différences entre ce que les gens considèrent comme équivalent. Chacun de nous ayant des expériences différentes, le sens que nous donnons aux mots, ainsi que nos objectifs, sont différents. Deux personnes peuvent utiliser le même mot pour désigner deux objectifs complètement différents.

Chaque équivalent auquel vous pouvez penser représente une autre solution, un autre chemin pour satisfaire les objectifs. Plus il y a de possibilités à découvrir, plus il y a de routes à explorer, et plus vous avez de chances de satisfaire toutes les personnes en présence.

La motivation

Nous avons parlé de la motivation au début de ce chapitre, à propos de l'échelle des valeurs. La motivation qui se cache derrière la demande est d'une importance cruciale dans la négociation. Cette motivation est généralement du domaine de l'un de ces trois besoins : l'identité, l'appartenance ou la puissance. Si vous, négociateur, pouvez trouver à quelle catégorie appartient la motivation de votre adversaire, vous trouverez par là même de nombreuses façons de satisfaire cette motivation.

La motivation détermine le comportement.

Il se peut que la motivation soit le plus grand inconnu de la négociation. Dès lors que vous avez découvert la motivation de l'autre personne, la négociation devient facile. Mais soyez sûr que vous connaissez votre propre intention avant de commencer.

Le temps

Le temps vécu comme contrainte extérieure. Si vous connaissez la date limite de votre adversaire, vous possédez un avantage. S'il connaît la vôtre, alors c'est lui qui a l'avantage. Le temps passe, et cela a son importance dans le processus de négociation.

De l'influence du temps sur l'objectif à long terme. Le temps est un des éléments de chaque décision. En gardant cela en tête, vous bénéficierez d'une multitude d'options, options qui peuvent se révéler par la suite avantageuses pour vous.

Je connais un négociateur syndical qui échangea avec joie son objectif initial, une augmentation de 15 francs de l'heure, contre une augmentation de 5 francs avec réévaluation tous les six mois. On se mit d'accord sur le fait que l'augmentation passerait à 6,50 francs au bout de six mois, 7,50 francs au bout d'un an, et 10 francs dans deux ans. Il ne s'attendait pas à obtenir plus de 6,50 francs d'augmentation. Cet accord à long terme signifiait que dans deux ans, il pourrait entamer de nouvelles négociations sur la base des 10 francs, et non sur celle des 6,50 francs. Il avait eu une vue à long terme des choses, alors que les négociateurs de l'entreprise avaient pensé aux économies à court terme. Le fait d'envisager les conséquences du temps sur votre objectif vous donne de nombreux avantages.

Les gens tournés vers le passé, vers le présent ou vers l'avenir. La perception du temps qu'ont les gens, ainsi que le rapport entre cette perception et leurs décisions, est importante. Certaines personnes ne cessent de regarder vers le passé, d'autres ne sont intéressées que par le moment présent, et d'autres se tournent toujours vers l'avenir. Vous devez connaître, lorsque vous présentez vos informations, l'orientation temporelle préférée de votre adversaire. William Faulkner dépeint les gens du Sud comme des gens tournés vers le passé, mais il se peut que Faulkner projette là sa propre attitude. Si vous vivez dans une plantation dont la splendeur fut à son apogée au temps de la guerre civile, alors oui, vous vivez vraiment dans le passé. Mais si votre grand-père était esclave, et que vous venez d'obtenir votre diplôme de droit, vous préférerez plus vraisemblablement le présent ou le futur. Les gens révèlent, par leur vocabulaire, comment ils s'orientent dans le temps.

Les personnes tournées vers le passé s'intéressent à l'histoire et à la tradition sur laquelle se base votre position. Les personnes tournées vers le présent s'intéressent aux conditions actuelles, et celles tournées vers l'avenir veulent savoir quelle sera l'influence de l'objectif qu'ils sont en train de négocier sur leur situation future. Si cet objectif peut les aider à obtenir un nouveau poste comportant même de meilleures perspectives d'avenir, ils vous aideront à atteindre votre objectif.

Les ponctuels et ceux qui reportent l'échéance. Une autre façon d'utiliser la notion de temps, dans une négociation, c'est d'être attentif au délai de réaction de votre adversaire. Les ponctuels se souviennent si nettement du passé que tout se passe comme si le passé était le présent. Ceux qui reportent l'échéance enterrent le passé de telle sorte que les expériences antérieures ne sont pas très importantes par rapport au présent. Ceci concerne aussi bien les événements de la veille que ceux de l'année passée. Pour ceux qui reportent l'échéance, la façon dont vous vous êtes comporté hier n'affectera pas la négociation d'aujourd'hui. Ils oublient vite le passé et repartent à zéro chaque matin. A l'inverse, les ponctuels se souviendront des arguments utilisés la veille comme si on venait tout juste de les exposer, et les sentiments qu'ils ont éprouvés hier affectent la négociation d'aujourd'hui.

Etre conscient de la façon dont le temps se déroule pour les autres, et de la façon dont ils relient le déroulement de la négociation à leur expérience du temps, vous permettra de savoir comment présenter vos informations et comment structurer votre objectif.

Votre modèle de la réalité

Votre modèle de la réalité vous sert à donner un sens à la confusion qui vous entoure. Votre modèle est ce qui est bon pour vous ; peu importe qu'il paraisse totalement fou à quelqu'un d'autre. Chaque décision que vous prenez, chaque acte que vous accomplissez constitue le meilleur choix possible par rapport à votre modèle de la réalité. A chaque instant nous prenons tous les meilleurs décisions. Parfois, lorsque nous reconsidérons le passé à la lumière d'informations supplémentaires, nous nous étonnons d'avoir pu prendre des décisions aussi stupides. Pourtant, nos décisions de cette époque reposaient sur les meilleures informations dont nous disposions dans notre modèle de la réalité. Par rapport à ce que nous savions alors et aux expériences que nous avions vécues, nos décisions étaient bonnes pour nous à ce moment-là.

Si vous gardez cela en tête, vous pouvez pardonnez à tous ceux qui vous entourent leurs comportements stupides, fous et imcompréhensibles. Si vous traitez avec d'autres, vous avez besoin de cette faculté.

Ce livre vous a donné des moyens pour ajouter d'autres territoires à votre carte de la réalité. Si vous vous exercez aux techniques présentées ici, votre carte, votre modèle de la réalité s'enrichira des nouvelles informations recueillies sur les autres et sur vous-même. Votre modèle sera aussi riche que votre vie. Plus votre modèle comportera de choix de comportements, plus il vous sera facile de découvrir et d'atteindre votre objectif. La confusion qui vous entoure est riche en possibilités de réponses à vos besoins et à vos motivations. Plus votre conscience enrichira votre modèle, plus il vous sera facile d'identifier les réponses qui correspondent à vos besoins.

Si vous entamez une négociation avec un objectif qui n'est pas encore adapté à celui de vos adversaires, vérifiez votre modèle, et vérifiez le leur. Vous trouverez peut-être un terrain commun de compréhension ou un sujet d'incompréhension à explorer ensemble.

10
Congruence

Nous avons, dans l'introduction, recensé trois qualités témoignant de l'excellence en communication : l'acuité sensorielle, la flexibilité et la congruence. Les deux premières ont été étudiées aux chapitres 4 et 7. Maintenant que vous savez comment les développer, nous allons examiner la question de la congruence, pierre angulaire de la communication efficace.

Le mot congruence vient du latin *congruens*, qui signifie se rencontrer et se mettre d'accord. La congruence se produit lorsque toutes les facettes, les parties qui composent votre personnalité coopèrent pour vous permettre d'atteindre votre objectif d'une seule et même façon. Chacun de nous joue plusieurs rôles — c'est-à-dire utilise plusieurs facettes — au cours de la semaine : la personne qui travaille, le patron, l'employé, le parent, le bon vivant, le joueur de tennis, le mâle, l'esthète, et d'autres. Lorsque nos différents rôles sont en accord, il y a congruence. Quand ils sont en conflit, il y a incongruence.

Notre comportement et notre discours sont souvent incongruents. Nous disons une chose et faisons le contraire. Si nous sommes incongruents en matière de communication, nous sommes moins efficaces.

Le premier pas, et le plus important, vers la congruence consiste à **connaître ses propres objectifs**. Du fait que nous jouons plusieurs rôles, et que chaque rôle a son propre objectif, il est parfois nécessaire d'établir un ordre de priorité dans nos objectifs. Mais dès lors que nous savons définir des objectifs, nous sommes sur la voie de la congruence.

Comment parvient-on à la congruence ? L'un des moyens est de s'assurer que l'on désire bien son objectif. Si certaines de vos facettes sont indécises, réticentes ou ne se sentent pas concernées par la tentative que vous avez décidé de faire, cette incongruence se manifestera dans votre comportement extérieur, et les autres s'en apercevront. Ils remarqueront que vous secouez la tête négativement, mais que vous dites oui. Ou que votre voix tremble alors que vos propos sont énergiques. Ou encore que vous pouffez de rire en achevant un discours très sérieux. Tous ces comportements troublent les autres et affaiblissent votre influence.

Pour être totalement congruent, mettez-vous tout entier, pendant quelque temps, dans le rôle de l'une ou l'autre de vos subpersonnalités. En prenant conscience des moments où vous êtes congruent et de ceux où vous ne l'êtes pas, vous apprendrez à apprécier vos différents personnages et leur opposition ponctuelle les uns aux autres.

Les tendances opposées qui se manifestent en nous sont les *extrêmes*. Certains experts pensent qu'à chaque rôle affirmé correspond une personnalité inverse. En d'autres termes, si vous êtes toujours un « bon garçon », il y a un mauvais garçon qui existe et qui n'attend que le moment propice pour se manifester. Ce mauvais garçon peut prendre plusieurs formes, pas nécessairement destructrices. Cela peut paraître difficile à croire, mais c'est en explorant vos propres extrêmes que vous pourrez atteindre la congruence. Quelques investigations vous permettront d'harmoniser les objectifs de vos personnages qui sont en conflit.

Plus vous êtes capable de connaître et de satisfaire vos extrêmes, plus vous avez de valeur, pour vous et pour votre employeur. Le livre *Le Prix de l'Excellence*★, qui dévoile les secrets de la réussite de quarante-deux des meilleures entreprises américaines, examine le dualisme auquel est confronté l'homme d'affaires moderne : il veut faire partie d'une équipe, et cependant il veut être reconnu individuelle-

La congruence découle tout naturellement de la maîtrise des techniques syntoniques.

Le charisme est le résultat de la congruence.

★Thomas Peters et Robert Waterman. Paris, InterEditions, 1983.

ment. Il est possible, et même profitable, de trouver un équilibre entre vos propres extrêmes.

Même si vous n'avez pas l'habitude de penser à vos différents personnages, vous avez probablement conscience, de temps à autre, d'un conflit intérieur. Une partie de votre personnalité adopte telle attitude ; une autre s'y oppose, ou jette le doute dans votre esprit. Les conflits intérieurs sont chose normale.

Certains peuvent croire que le fait d'avoir plusieurs sub-personnalités signifie que vous êtes quasiment schizophrène. Il n'en est rien. Même l'homme le plus équilibré a différentes subpersonnalités, dont les comportements font que nous sommes des êtres intéressants, les acteurs efficaces de notre monde. Nos conflits intérieurs sont la preuve de notre flexibilité potentielle.

S'il y a problème, c'est lorsque certaines de nos subpersonnalités ignorent l'existence des autres, et ne savent pas qu'il y a conflit. L'exercice suivant vous permettra de présenter vos subpersonnalités les unes aux autres et de les faire travailler ensemble.

L'incongruence brouille la communication.

COMMENT ORGANISER SON TEMPS ET RÉSOUDRE UN CONFLIT

Le temps est limité pour chacun d'entre nous, et nos différentes subpersonnalités se livrent une concurrence acharnée pour en obtenir la plus grande part. En engageant chaque personnage à se mettre d'accord, à coopérer et à soutenir le besoin de chaque autre personnage, nous pouvons résoudre ces conflits et ainsi décupler l'énergie nécessaire à la réalisation de nos objectifs.

En guise de démonstration, voici par quel procédé je résous mes conflits internes. N'hésitez pas à essayer cet exercice sur vous-même et à le modifier pour l'adapter à vos besoins particuliers ; améliorez-le, peaufinez-le et utilisez-le régulièrement.

Donc, supposons que vous vouliez planifier votre temps du mois prochain. Organisez une réunion sur ce sujet, et faites la liste de toutes les parties de votre personnalité qui souhaitent y participer. Choisissez un moment où vous ne risquez pas d'être dérangé pendant une heure environ (les différentes personnalités ont tendance à être bavardes). Sélectionnez huit parties à inviter à la réunion, et faites-leur élire un arbitre ; c'est lui qui mènera la négociation sur le temps à accorder à chaque personnalité. Voici une liste de mes personnalités ; elle vous aidera peut-être à identifier les vôtres.

Des personnages opposés sont les germes de la flexibilité.

FACETTE	FACETTE OPPOSÉE
Curieuse	Qui sait tout
Mère	
Ambitieuse	Altruiste
Battante	
Skieuse	
Créative	
Plongeuse sous-marine	
Consciente	
Professeur	
Epouse	Séductrice
Sportive	
Amour de la célébrité	
Tranquillité	Vie privée
Fille	Défi
Qui aime apprendre	Qui sait tout
Qui travaille	
Amie	Solitaire
Conventionnelle	Originale
Vengeance	Pardon
Travail	Temps libre
Cultivée	Entrepreneur
Ecrivain	
Peintre	
Voyageuse	Casanière
Humour	Sérieuse
Poète	
Amour du beau	
Guindée	Désinvolte
Soignée	Négligée
Organisée	Désorganisée
Sédentaire	Vagabonde
Cuisinière	
Choyée	Indépendante
Coquette	Blue-jeans
Lectrice	

J'examinai ma liste, puis choisis d'en inviter huit :
- L'épouse
- La mère
- La sportive (ski et plongée sous-marine)
- La créative
- La cuisinière
- L'altruiste
- La travailleuse
- L'ambitieuse

Il me fallait maintenant un arbitre. Je pouvais nommer l'une d'entre elles comme arbitre, ou je pouvais créer tout de suite un nouveau personnage pour remplir ce rôle. Je décidai que ma facette créative serait l'arbitre, parce que je l'aimais bien et que la confiance que je lui accordais avait toujours été récompensée par ses loyaux services.

Nous étions donc prêtes pour la réunion. J'imaginai chaque subpersonnalité assise autour de la table de la salle du conseil. La cuisinière avait un tablier blanc et un chapeau de chef cuisinier ; la créative était vêtue d'une blouse d'artiste peintre de couleur claire ; sur sa poche était brodée une palette d'artiste. L'épouse était en robe d'intérieur, et la mère était plus rondelette que les autres. L'ambitieuse portait un tailleur de chez un grand couturier (avec des bottes, bien sûr). L'altruiste n'avait pas de chemise, ayant enlevé celle qu'elle portait pour la donner à quelqu'un. La sportive portait une combinaison de ski et une bouteille de plongée.

La réunion commença. L'arbitre (autrefois la créative) dut immédiatement faire taire les participantes et exiger qu'elles parlent chacune à leur tour. Elles se calmèrent. L'arbitre reconnut alors la mère.

> *Si vous n'êtes pas authentique, vous recueillerez très exactement ce que vous avez semé.*

Celle-ci plaida avec passion pour obtenir 75 % de mon temps. « Ta fille Catherine est jeune, et a besoin que sa mère s'occupe d'elle », conclut-elle.

L'arbitre souleva la question des heures de sommeil et de veille. Devions-nous négocier sur la base de vingt-quatre heures par jour, ou sur la base des heures de veille, c'est-à-dire seize heures ? En réponse, ma conscience se manifesta bruyamment. Elle n'avait pas été invitée, mais elle était là. Je m'aperçus que j'avais besoin d'elle ici, aussi l'écoutai-je. La conscience suggérait de limiter la discussion aux heures normales de veille, les heures de sommeil n'étant pas négociables. (Ma conscience savait que j'avais besoin de beaucoup de sommeil pour affronter tant de fortes subpersonnalités.)

Sans ménagements, l'ambitieuse rappela à la mère que pendant les vingt-deux années durant lesquelles elle avait materné cinq enfants, elle avait dominé tous les autres personnages. Maintenant il était temps pour elle de se retirer et de laisser s'exprimer les autres participantes.

La mère pinça les lèvres et manifesta son indignation. L'ambitieuse poursuivit, disant qu'elle se battrait pour obtenir 80 % de mon temps, pas une minute de moins. Le reste du groupe pouvait se partager les 20 % restants.

La sportive se leva lentement. La bouteille d'oxygène était lourde, et le gilet qu'elle portait par-dessus la combinaison de ski matelassée la faisait ressembler à un énorme ballon. Elle semblait en proie à une vive émotion. « Je serai bientôt trop vieille pour faire du ski et de la plongée sous-marine. Je veux 60 % du temps. »

La travailleuse, si bien vêtue, demanda la parole d'un air solennel. L'arbitre, apparemment ennuyé, lui fit signe de parler. Elle dit : « Moi aussi, je serai bientôt trop vieille sur le marché du travail. Après quarante ans, on est sur la pente descendante. J'ai plus de quarante ans. J'ai besoin de 85 % de son temps. »

L'arbitre fit un rapide calcul. Jusqu'à présent, quatre des neuf personnages avaient réclamé 300 % du temps de Genie. L'arbitre respira profondément, se souvint de ses capacités créatives, et écouta les quatre subpersonnalités suivantes. La conscience dit qu'elle ferait tout ce que les autres voulaient. Elle n'avait pas d'exigences personnelles ; elle souhaitait simplement que Genie augmente légèrement le nombre d'heures de veille.

La cuisinière voulait 30 %, l'épouse 40 %, et l'altruiste 60 %. L'arbitre déclara qu'elle était en contact étroit avec le personnage créatif, qui suggérait 90 %. Ainsi il faudrait 520 % du temps de Genie pour satisfaire tout le monde. Mais comme il n'y avait que 100 % de temps à négocier, nous étions dans une impasse.

Environ quinze minutes plus tard, une intelligente technique de négociation permit de trouver une solution. La subpersonnalité créative rappela à l'ambitieuse, à la travailleuse et à l'altruiste que le livre que Genie allait écrire satisferait tous leurs besoins, ainsi que ses propres besoins créatifs. La plupart hochèrent la tête en signe d'assentiment. La créative suggéra que Genie consacre la moitié de son temps à écrire, et que l'épouse, la mère, la sportive et la cuisinière se partagent l'autre moitié du temps.

Quelques mouvements de réticence apparurent. « Nous renégocierons dans un mois », trancha l'arbitre.

Résultat final de la réunion :

Epouse	10 %	Altruiste
Mère	30 %	Ambitieuse
Sportive	5 %	Travailleuse
Cuisinière	5 %	Créative

} 50 %

La conscience accepta ensuite de contrôler le planning. L'arbitre lui conseilla une certaine souplesse. La réunion s'acheva.

Pour résoudre votre propre conflit de partage du temps :
1. Faites la liste de vos principales subpersonnalités.
2. Organisez une réunion.
3. Définissez l'ordre du jour.
4. Nommez un arbitre.
5. Négociez.
6. Attribuez à votre conscience le rôle du surveillant.

En utilisant cette stratégie de résolution des conflits, vous apprendrez à connaître vos différentes subpersonnalités, à utiliser les informations qu'elles vous fournissent, et à respecter leurs conseils. Pour être sûr de vous comporter avec un maximum de congruence, vérifiez, avant d'entamer toute communication, que vous savez parfaitement quel est l'objectif qui figure en tête de votre liste d'objectifs possibles. Si vous avez rangé vos objectifs par ordre de priorité de telle sorte que tous vos personnages sont d'accord pour coopérer à la réalisation de cet objectif prioritaire, vous serez congruent dans vos actions, vos gestes, le ton de votre voix et votre vocabulaire. Et chacune des techniques syntoniques contribuera à vous rendre congruent en matière de communication.

Etre congruent permet de satisfaire notre besoin inné d'*intégrité*, qui nous fait aspirer à la plénitude. L'Homme est, par essence, un être entier, naturellement enclin à adopter des comportements positifs (et/ou qui lui procurent du plaisir) ; de ce fait, l'intégrité implique un équilibre personnel qui peut être moral ou amoral, mais pas immoral. L'intégrité est une donnée essentielle de l'utilisation des techniques syntoniques.

Conclusion

Il n'y a que vous qui puissiez savoir ce qui constitue votre intégrité : ce qui est bon pour vous, adapté à vos besoins, ce qui vous est, à vous et à votre monde, salutaire et profitable. C'est vous l'expert. Les outils syntoniques n'ont pas d'intégrité : seuls en ont les êtres humains.

Comment peut-on conserver sa propre intégrité tout en influençant les autres ? Comment savoir à quel moment coopérer avec eux, à quel moment les soutenir, à quel moment s'y opposer ? Vous en remettez-vous au hasard pour ce genre de décisions, ou bien avez-vous une stratégie qui vous permet de vous sentir bien, et de conserver intacte votre intégrité ? Savez-vous à quel moment vous avez mal utilisé votre influence ? Même une petite dose d'influence contient des germes de manipulation. (Par *manipulation*, nous entendons l'utilisation de moyens détournés pour parvenir à ses fins.) Comment peut-on éviter de manipuler autrui ? Au fur et à mesure que vos techniques d'influence s'accroissent, votre impact sur les autres devient plus fort.

Votre sens des responsabilités augmente-t-il avec votre pouvoir ? Comment bien utiliser ces techniques ?*

C'est vrai, ces questions ne sont pas nouvelles ; mais les techniques de manipulation qui existent maintenant font qu'il est impératif d'y apporter des réponses sérieuses.

Si quelqu'un d'autre est concerné par votre objectif, il faudra faire en sorte que vos objectifs respectifs coïncident, afin de vous trouver dans une situation où il n'y a que des gagnants, et pas de perdant. C'est cela, adapter ses objectifs.

Adapter ses objectifs permet d'établir immédiatement le rapport. Le rapport est basé sur la reconnaissance de l'existence et des besoins d'autrui. Cela signifie rencontrer l'autre dans son modèle du monde — sa façon de percevoir le monde et de le coder —, au lieu de s'attendre à ce qu'il déchiffre votre modèle. C'est en utilisant son modèle, en ayant conscience de sa façon de percevoir et de penser que vous pourrez mieux communiquer. Vous savez quels sont les éléments qui l'amènent à avoir tel comportement ; vous n'approuvez pas pour autant ce comportement, mais au moins le comprenez.

Pour vous adapter à l'autre, il vous faut découvrir son objectif. Le fait d'avoir établi le rapport vous permet d'obtenir plus facilement cette information. Car le rapport étant établi, vous pouvez utiliser les pointeurs pour trouver son objectif, même si lui-même l'ignore. Le rapport vous permet souvent de trouver la solution la plus équitable pour

---

LE PRIX À PAYER

Un diplomate qui assistait à un de mes séminaires me dit un jour que pendant huit ans, il avait été un négociateur dur, sachant ce qu'il voulait et l'obtenant généralement. Lorsqu'il fut confronté au concept d'adaptation des objectifs, il dit avec regret : « Si j'avais su cela ! Mes adversaires ont souvent compris après coup qu'ils s'étaient fait avoir en acceptant mon objectif, et ils me l'ont fait payer. Toutes ces années à payer... » L'expression de son visage reflétait le prix qu'il avait dû payer.

---

* Des extraits de cette conclusion ont été publiés par Bruce Dillman et Genie Laborde dans le magazine *New Realities*, sous le titre : « Playing with Power and Matches » (« Jouer avec le pouvoir et avec le feu »).

chacun de vous, et de vous mettre tous deux en situation de vainqueurs — situation dans laquelle chacun atteint son objectif sans nuire aux intérêts de l'autre. C'est la meilleure forme de communication.

Je me souviens d'un autre stagiaire, Bob, un avocat. Il me téléphona un mois après le séminaire sur la négociation auquel il participa, pour me raconter une anecdote qui l'étonna plus que moi. L'idée d'établir volontairement le rapport avec un adversaire était pour lui une idée nouvelle, et il entreprit de l'utiliser chaque fois qu'il le pouvait. Un de ses clients avait intenté un procès à son employeur précédent, une grande société. Steve, le représentant de la société, négociait depuis des mois avec Bob un règlement à l'amiable. Lors de la réunion qui suivit notre séminaire, Bob parvint à établir un rapport si profond que Steve offrit une solution plus avantageuse que ce que le client de Bob avait demandé — ou mérité. L'offre était même si élevée que Bob se surprit à conseiller à Steve de la réduire : cela ne serait pas juste vis-à-vis de Steve et de sa compagnie, et Steve pouvait en perdre son travail, ce qui n'était pas l'objectif souhaité. Bob savait ce qui, dans la situation présente, était juste et permettait aux deux personnes de conserver leur intégrité.

Le rapport a des prolongements bénéfiques lorsque la solution d'un conflit préserve l'intégrité de chacun des partenaires. Ceux qui n'ont pas grande confiance dans les hommes de loi auront du mal à croire l'histoire précédente. Bob lui-même avait du mal à y croire, c'est pourquoi il m'en parla.

Mais que se passe-t-il lorsqu'il n'est pas possible d'adapter les objectifs ? Il peut arriver que l'objectif de l'autre vous répugne tellement que vous ne voulez pas l'aider à l'atteindre. Il existe alors plusieurs possibilités. L'une d'elles consiste à exposer votre façon de penser (en disant « Laissez-moi vous dire ce que je pense »). Dès que vous avez établi le rapport, vous pouvez montrer aux autres comment vous en êtes arrivé à la position que vous avez adoptée sur cette affaire. Révélez les étapes de votre pensée. Si votre processus leur plaît plus que le leur, ils élargiront leur modèle de la réalité pour y inclure le vôtre.

Mais peut-être que non. L'adaptation n'est pas toujours possible. Si vous avez essayé toutes les techniques pour CHANGER LA REALITE sans trouver de solution satisfaisante pour les deux personnes, alors il ne vous reste plus qu'à mettre un terme à la négociation. Ou alors, si vous devez absolument parvenir à une solution, reportez au lendemain la suite des discussions ; le lendemain, reprenez depuis le début la technique CHANGER LA REALITE (voir le chapitre 9).

Dans le feu des arguments et des accusations, il y a d'éventuelles solutions qui passent inaperçues. Mon expérience de la négociation m'incite à croire que lorsqu'une négociation se termine sur les mots « Abandonnons la partie », c'est généralement que toutes les solutions possibles pour adapter les objectifs n'ont pas été explorées par les deux personnes. Persévérer dans la négociation en utilisant toutes ces techniques d'influence permet souvent de découvrir une solution qui respecte l'intégrité des deux personnes.

Certaines solutions restent parfois inexplorées à cause du rôle joué par le pouvoir. Les gens qui disposent d'un peu de pouvoir semblent avoir besoin de l'utiliser. D'autres ont besoin de faire étalage du pouvoir qui leur est accordé. Les techniques syntoniques exposées dans ce livre confèrent un réel pouvoir ; le fait de les maîtriser vous donnera un léger avantage dans toute interaction, avantage qui augmentera votre pouvoir d'influencer les autres.

Nous avons tous le pouvoir d'influencer. Les femmes au foyer, les politiciens, les enseignants, les journalistes, les administrateurs, les informaticiens, les mères — tout le monde. On peut exercer sur les autres une influence modérée, et ne pas avoir conscience d'utiliser des techniques. Dans la plupart des cas, il s'agit là d'une influence fortuite, allant tantôt dans une direction, tantôt dans une autre. Influencer sans avoir conscience des besoins et des objectifs de l'autre, c'est influencer à l'aveuglette. Mais il y a pire : vous pouvez ne pas avoir toujours conscience de passer de l'influence à la manipulation.

Certains pensent que tant qu'ils utilisent inconsciemment leurs capacités d'influence, on ne peut pas les accuser de manipuler les autres. Ils se croient innocents parce qu'ils sont ignorants. Certaines des personnes les plus manipulatrices que je connaisse ne sont pas conscientes des techniques qu'elles utilisent. En revanche, votre apprentissage des techniques syntoniques vous a confronté à la responsabilité de choisir entre influencer et manipuler. On ne peut pas s'empêcher d'influencer les autres. Mais on peut choisir de les influencer dans un sens positif.

Lorsque nous avons à notre disposition des techniques

Les outils syntoniques n'ont pas d'intégrité : seuls en ont les êtres humains.

d'influence, nous augmentons notre pouvoir d'influencer dans la direction voulue. C'est alors qu'apparaissent toute une série de nouveaux soucis concernant notre pouvoir personnel. Si vous avez peur du pouvoir personnel parce qu'« on » (ou vous) peut l'utiliser pour manipuler autrui, sachez qu'« on » (ou vous) en a effectivement la capacité. Mais sachez aussi que les outils syntoniques sont neutres. C'est à vous seul qu'incombe le choix d'influencer avec intégrité.

L'OUTIL INNOCENT

Un sage et gentil bûcheron s'enfonça un jour dans la forêt pour son travail. Sa hache glissa, et lui entailla profondément la jambe. Il souffrit mille morts pour rentrer au village mais finalement y parvint. Alors qu'il était alité, les gens de la ville, des gens simples, firent passer la hache en jugement et la déclarèrent coupable. Ils firent fondre la lame et brisèrent la poignée en petits morceaux. A la fin, le métal fut transformé en balles de fusil et le manche en allumettes. Le bûcheron éclata de rire lorsqu'il sut cela, mais il dut cependant acheter une nouvelle hache.

Les outils ne sont ni innocents ni coupables. C'est nous qui en faisons l'usage que nous voulons. Dans ces pages une redoutable série de techniques vous a été présentée : la flexibilité, l'acuité sensorielle, la congruence, la détermination des objectifs, le rapport, les pointeurs, et CHANGER LA REALITE. Chacune de ces techniques peut servir à manipuler.

Alors, d'où vient précisément le danger de manipulation ?

D'eux.

De qui ?

D'eux. De ces autres à qui on ne peut pas confier des outils si puissants, à cause de leur faiblesse naturelle et de leur penchant pour la manipulation et les magouilles. On ne laisse pas les enfants jouer avec de la dynamite.

Ces « autres », ce ne sont pas seulement ceux qui sont indignes de confiance, ce sont aussi ceux qui sont de toute évidence malfaisants : les criminels, les terroristes, les êtres corrompus. Que feraient-ils de ces outils ? Il est probable qu'ils ne feraient rien de plus que ce qu'ils ont déjà fait. S'ils ont vraiment réussi à être malfaisants, ils ont déjà leurs propres techniques qui marchent parfaitement bien. Si par hasard ils utilisent des méthodes d'influence, c'est soit qu'ils le font inconsciemment, soit qu'ils connaissent déjà les techniques dont nous parlons ici.

Cela concerne tout le monde sauf nous, bien entendu ; nous avons le sentiment que c'est en grande partie de cela que nous avons peur. Qu'allons-nous faire de ce pouvoir ? Est-ce que nous ne réagissons pas ainsi parce que, inconsciemment, nous projetons sur « eux, les autres » ce dont nous nous savons capables : le mal, les magouilles, et aussi la manipulation ?

Le psychologue C.G. Jung écrivit :

« Le mal qui se fait jour en l'homme et qui de toute évidence l'habite est de dimension impressionnante... Il ne nie pas que des choses terribles ont eu lieu et ont encore lieu, mais ce sont toujours « les autres » qui les accomplissent. Cela renforce avec le maximum d'efficacité la position de l'adversaire, car la projection attribue à autrui la peur que nous ressentons, involontairement et secrètement, du mal qui est en nous, et augmente considérablement la puissance de cette menace. »

Aussi s'« ils » ont tout ce pouvoir, c'est que nous le leur avons donné. Pouvons-nous le récupérer ? Jung dit ensuite qu'en prenant conscience des forces du mal qui sont en nous, et en les affrontant, nous leur faisons perdre beaucoup de leur pouvoir, et nous récupérons notre pouvoir de choisir.

Lorsque nous choisissons d'adapter nos objectifs à ceux d'autrui, nous faisons le choix de l'intégrité personnelle. Votre objectif ne sera peut-être pas parfaitement assorti à celui de l'autre, mais le fait de rechercher par quels moyens vous adapter permet d'éviter la manipulation, et vous protège contre les ressentiments, récriminations, regrets de l'acheteur et désirs de vengeance. S'adapter est tout simplement plus pratique et plus intelligent que manipuler.

Quelqu'un me dit un jour qu'il y avait contradiction dans

---

* C.G. Jung, *The Undiscovered Self*. New York, New American Library, 1957.

l'expression « influencer avec intégrité ». Pas vraiment. Nous exerçons tous une influence ; influencer dans un sens positif et approprié est la préoccupation des penseurs depuis la nuit des temps. Nous disposons maintenant d'outils d'influence bien plus efficaces que par le passé. L'utilisation qui sera faite de ces outils est entre vos mains.

Glossaire

Acuité sensorielle
Capacité de prendre en compte des informations captées par nos cinq sens.

Adaptation des objectifs
Technique consistant à faire en sorte qu'il y ait compatibilité entre des objectifs. Cela permet à la fois d'atteindre son objectif et d'aider les autres à atteindre les leur.

Ancrage
Processus qui consiste à associer une réaction interne à un stimulus externe, de façon telle qu'il soit possible de reproduire la réaction rapidement et à volonté en utilisant le stimulus, tel un réflexe conditionné.

Auditifs
Personnes qui perçoivent le monde essentiellement par l'ouïe, et pour lesquelles le langage parlé constitue la source d'information d'où découle leur comportement.

Calibration
Se mettre à l'écoute de quelqu'un pour identifier, à certains signes non verbaux, l'état dans lequel se trouve cette personne.

Carte de la réalité
Représentation de l'univers que se fait chaque personne, en fonction de

	sa façon de percevoir le monde à travers ses expériences personnelles.
CASTORS	Sigle désignant les techniques de vente syntoniques.
Cérébraux	Personnes qui réagissent à l'étiquette, au nom qu'elles donnent à leurs perceptions.
Ceux qui reportent l'échéance	Personnes pour qui l'expérience du passé se dissout avec le temps.
CHANGER LA REALITE	Terme désignant treize façons de se sortir d'une négociation bloquée.
Comme Si (technique du)	Technique permettant d'atteindre son objectif en faisant comme si cet objectif était déjà réalisé.
Congruence	Signifie que les différents comportements d'une personne sont en accord et sont tous orientés vers le même but. Lorsque deux ou plusieurs facettes d'une personnalité sont en conflit ou en désaccord, ce désaccord se manifeste par des comportements qui ne sont pas orientés vers le même but.
Etat de ressource	Etat dans lequel une personne associe les mêmes sentiments de confiance en soi que ceux éprouvés lors d'une situation antérieure, au cours de laquelle la personne a fait preuve de capacités positives.
Flexibilité	Aptitude à adapter son comportement et à en trouver de nouveaux en fonction du but qu'on se fixe.
Indices oculaires	Mouvements d'yeux d'une personne dans une certaine direction, révélateurs du type de pensée dans lequel elle se trouve : visuel, auditif, olfactif ou kinesthésique.
Intégrité	Etat qui consiste à être complet, entier et intact, et en même temps honnête.

Introjection	Règles inconscientes archaïques déterminant le comportement.
Kinesthésiques	Personnes dont les décisions se basent sur les sensations physiques ; elles sont sensibles avant tout aux stimuli kinesthésiques.
Méta-modèle	Modèle linguistique montrant comment le vocabulaire qu'utilisent les individus limite, déforme et généralise leurs expériences et leurs actions.
Métaphore	Histoire construite stratégiquement, comportant des éléments intrinsèques analogues à ceux de la situation présente et en liaison avec l'objectif souhaité.
Mirroring	Synchronisation, comme dans un miroir, sur certains comportements de quelqu'un d'autre.
Modèle de la réalité	Voir carte de la réalité.
Mots dénotés (concrets)	Mots spécifiques qui ont un sens précis ou qui renvoient à des sensations.
Mots connotés (abstraits)	Mots vagues, subjectifs, possédant d'innombrables sens.
Objectif	Résultat spécifique et positif que l'on désire atteindre, défini en termes sensoriels, précis et positifs.
Opérateurs modaux	Termes linguistiques désignant les règles et obligations (« devrais, ne peux pas, etc..).
Paradigme	Modèle de la réalité associé à un ensemble de systèmes de croyance.
PEGASUS	Sigle désignant les techniques de réunion syntoniques.
Perceptions	Informations recueillies par les sens et traitées par le cerveau.
Pointeurs	Questions permettant d'obtenir des informations sensorielles, précises et concrètes.

Ponctuels	Personnes possédant la faculté de revivre au présent une expérience passée.
Représentation	Codification, symbole ; information sensorielle conservée dans notre cerveau.
Rapport	Processus permettant d'établir et de maintenir, entre deux ou plusieurs personnes, une Relation de confiance mutuelle et de compréhension réciproque.
Sensoriel	relatif à ce qu'une personne voit, entend, ressent, goûte et sent.
Stimulus-réponse	Association entre une expérience et une réaction consécutive à cette expérience ; Pavlov apprit à des chiens à saliver chaque fois qu'une cloche sonnait, créant ainsi un réflexe conditionné.
Stratégie	Séquence de processus mentaux conduisant à une décision comportementale.
Synchronisation croisée	Se synchroniser sur le rythme d'un geste familier d'autrui avec un geste différent.
Système de représentation	L'un des cinq canaux de perception véhiculant les informations jusqu'au cerveau.
Traduction	Processus qui consiste à reformuler ce que dit une personne en utilisant des mots choisis dans un autre système de représentation.
Visuels	Personnes qui perçoivent le monde essentiellement avec leurs yeux, et qui se fient à leurs images pour prendre des décisions.

Une adresse utile :
Institut Français de PNL
15, rue Auguste-Vitu
75015 Paris

Ce qui donne son sens à la communication, c'est la réponse que l'on obtient. Si vous n'obtenez pas la réponse voulue, communiquez différemment.

Bibliographie

Management

Barnard Chester I. *The Functions of the Executive.* Cambridge (USA), Harvard University Press, 30e édition, 1968.
Blanchard Kenneth et Spencer Johnson. *Le Manager Minute.* Montréal, France-Amérique, 1985.
Brandt Steven C. *Entrepreneuring.* Reading (USA), Addison-Wesley, 1982.
Chandler Alfred D. Jr. *The Visible Hand : The Managerial Revolution in American Business.* Cambridge, Harvard University Press, 1977.
Cooper Ken. *Body Business.* New York, Amacom, 1979.
Crosby Philip B. *The Art of Getting Your Own Sweet Way.* New York, McGraw-Hill, 1982.
Deal Terrence E. et Alan Kennedy. *Corporate Cultures.* Reading, Addison-Wesley, 1982.
Drucker Peter F. *The Changing World of the Executive.* New York, Truman Talley Books, 1982.
Drucker Peter F. *Concept of the Corporation.* New York, Mentor Books, 2e édition, 1983.
Drucker Peter F. *The Effective Executive.* Londres, Heinemann, 1967.
Drucker Peter F. *Management Tasks, Responsibilities, Practices.* New York, Harper & Row, 1977.

Drucker Peter F. *L'efficacité, objectif numéro un des cadres*. Paris, Éditions d'Organisation, 1968.

Drucker Peter F. *L'entreprise face à la crise mondiale*. Paris, InterEditions, 1981.

Drucker Peter F. *Vers une nouvelle économie*. Paris, InterEditions, 1984.

Dyer Willian G. Team Building : *Issues and Alternatives*. Reading, Addison-Wesley, 1977.

Friedman Milton et Rose. *La liberté du choix*. Paris, Belfond, 1980.

Greiner Larry et Robert O. Metzger. *Consulting to Management*. Englewood Cliffs (USA), Prentice-Hall, 1983.

Hegarty Christopher avec Philip Goldberg. *How to Manage Your Boss*. New York, Rawson, Wade, 1980.

Hebriegel Don et John W. Slocum Jr. *Management*. Reading, Addison-Wesley, 3e édition, 1982.

Huseman R., M. Lahiff et J.D. Hatfield. *Business Communication : Strategies and Skills*. Hinsdale (USA), Dryden Press, 1981.

Katz D. et R. Kahn. *The Social Psychology of Organizations*. New York, Wiley, 2e édition, 1978.

Koontz Harold, Cyril O'Donnell et Heinz Weihrich. *Essentials of Management*. New York, McGraw-Hill, 1974.

Levitt Harold J., Louis R. Pondy et David M. Boje. *Readings in Managerial Psychology*. Chicago, University of Chicago Press, 3e édition, 1980.

Levinson Harry. *Executive*. Cambridge, Harvard University Press, 1968.

Levinson Harry. « Gut Feelings are Still the Basis for Executive Decisions », *Levinson Letter*, 15 juillet 1977.

Londgren Richard E. *Communication by Objectives : A Guide to Productive and Cost-Effective Public Relations and Marketing*. Englewood Cliffs, Prentice-Hall, 1983.

Mager, Robert F. et Peter Pipe. *Analyzing Performance Problems*, Belmont (CA), Pitman Learning, 1970.

McCarthy John. *Why Managers Fail...and What to Do About it*. New York, McGraw Hill, 2e édition, 1978.

McWilliams Peter A. *The Personal Computer Book*. Los Angeles, Prelude Press, 1982.

Mintzberg Henry. *Le Manager au quotidien. Les dix rôles du cadre*. Paris, Editions d'Organisation, 1984.

Munter Mary. *Guide to Managerial Communication*. Englewood Cliffs, Prentice-Hall, 1982.

Peters Thomas J. et Robert H. Waterman Jr. *Le Prix de l'Excellence : Les secrets des meilleures entreprises*. Paris, InterEditions, 1983.

Sloan Alfred P. Jr. *Mes années à la General Motors*. Paris, Hommes et Techniques, 1966.

Williams Frederick. *Executive Communication Power : Basic Skills for Management Success*. Englewood Cliffs, Prentice-Hall, 1983.

Education

Averch Harvey et al. *How Effective is Schooling ? A Critical Review and Synthesis of Research Findings.* Final Report to the President's Commission on School Finance. Santa Monica (CA), The Rand Corporation, 1971.

Bandura Albert et Robert Jerry. « Role of Symbolic Coding and Rehearsal Processes in Observational Learning ». *Journal of Personality and Social Psychology*, vol. 26, n° 1, 1973.

Brown, George I. avec Mark Phillips et Stewart Shapiro. *Getting It All Together : Confluent Education.* Bloomington (USA). The Phi Beta Kappa Educational Foundation, 1976.

Brown George I. *Human Teaching for Human Learning : An Introduction to Confluent Education.* New York, Viking, 1971.

Brown George I. *The Live Classroom : Innovation through Confluent Education and Gestalt.* New York, Viking, 1975.

Cantlay Lynne Omori. *A Study of the Relationship between Confluent Teaching and Mathematics Self-Conception in Remedial Math Students.* Thèse de doctorat, Université de Californie, Santa Barbara, 1975.

Coleman James et al. *Equality of Educational Opportunity.* Office of Education, U.S. Department of Health, Education and Welfare. Washington DC, U.S. Government Printing Office, 1966.

Jencks Christopher et al. *L'inégalité : Influence de la famille et de l'école en Amérique.* Paris, PUF, 1979.

Linguistique

Birdwhistell Ray L. *Kinesics and Context : Essays on Body Motion Communication.* Philadelphie (USA), University of Pennsylvania Press, 1970.

Hall Edward T. *Le Langage silencieux.* VilleLassale (Canada), Hurtubise, 1973.

Divers

Bach Richard. *Illusion.* New York, Dell, 1977.

Castaneda Carlos. *Histoires de pouvoir.* Paris, Gallimard, 1975.

Grinder John T. et S.H. Elgin. *A Guide to Transformational Grammar : History, Theory, Practice.* New York, Holt, Rinehart & Winston, 1973.

Heinlein Robert A. *En terre étrangère.* Paris, Laffont, 1970.

Laborde Genie Z. et Hazel Beatrous. *Tranquilizers for His Cup.* New York, Doubleday, 1961.

Machlin Evangeline. *Speech for the Stage.* New York, Theatre Arts Books, 1980.

Négociation

Calero Henry et Bob Oskam. *Negotiate the Deal You Want.* New York, Dodd, Mead, 1983.

Fisher Roger et William Ury. *Comment réussir une négociation.* Paris, Le Seuil, 1982.

Huthwaite Research Group Limited. *The Behavior of Successful Negotiator*. Londres, 1976/78.
Nierenberg Gerard I. *Tout négocier pour réussir*. Paris, Businessman, Albin Michel, 1986.
Raiffa Howard. *The Art and Science of Negotiation*. Cambridge, Harvard University Press, 1982.

Neurolinguistique
Bailey Rodger. « Neurolinguistics : Information Processing in the Human Biocomputer ». *J.C. Penney Forum*, novembre 1982.
Bandler Richard et John Grinder. *Les Secrets de la Communication. Changer sans douleur*. Montréal, Editions Le Jour, 1983.
Bandler Richard et John Grinder. *Patterns of the Hypnotic Techniques of Milton H. Erickson, M.D.* Cupertino (CA), Meta Publications, vol. 1, 1976.
Bandler Richard et John Grinder. *Reframing*. Moab (Utah), Real People Press, 1982.
Bandler Richard et John Grinder. *The Structure of Magic*. Palo Alto (CA), Science and Behavior Books, vol. 1 et 2, 1975 et 1976.
Bandler Richard, John Grinder et Virginia Satir. *Changing with Families*. Palo Alto, Science and Behavior Books, 1976.
Cameron-Bandler Leslie. *They Lived Happily Ever After*. Cupertino, Meta Publications, 1978.
Cayrol Alain et Josiane de Saint-Paul. *Derrière la Magie. La Programmation Neuro-Linguistique*. Paris, InterEditions, 1984.
Dilts Robert. « Let NLP Work for You », *Real Estate Today*. Février 1982.
Dilts Robert, Leslie Cameron-Bandler, Richard Bandler, John Grinder et Judith DeLozier. *Neuro-Linguistic Programming*. Cupertino, Meta Publications, vol.1, 1980.
Farrelly Frank and Jeff Brandsma. *Provocative Therapy*. Cupertino, Meta Publications, 1978.
Goleman Daniel. « People Who Read People », *Psychology Today*. Juillet 1979.
Gordon David. *Therapeutic Metaphors*. Cupertino, Meta Publications, 1978.
Gordon David et Maribeth Meyers-Anderson. *Phoenix : Therapeutic Techniques of Milton H. Erickson, M.D.* Cupertino, Meta Publications, 1981.
Grinder John et Richard Bandler. *The Structure of Magic*. Palo Alto, Science and Behavior Books, vol.2, 1976.
Grinder John et Richard Bandler. *Trance-Formations*. Moab, Real People Press, 1981.
Laborde Genie Z. « Don't Eat the Menu », *New Realities*. Vol. IV, n° 1, décembre 1981.
Laborde Genie Z. « Neuro-Linguistic Programming », *New Realities*. Vol. IV, n° 1, avril 1981.
Laborde Genie Z. et Bruce Dillman. « Playing with Power and Matches », *New Realities*. Vol. IV, n° 4, décembre 1981.

Lankton Steve. *Practical Magic*. Cupertino, Meta Publications, 1979.
Maron Davida. « Neuro-Linguistic Programming : The Answer to Change ? » *Training and Development Journal*, octobre 1979.
Moine Donald J. *A Psycholinguistic Study of the Patterns of Persuasion Used by Successful Salespeople*. Dissertation 1981 study, University of Oregon, Ann Arbor, University Microfilms International, 1982.
Zientara Marguerite. « IBMer Tells How to Handle a Primadonna », *Computerworld*. 15 novembre 1982.

Philosophie
Buber Martin. *The Way of Man*. Secaucas (New Jersey). Citadel, 1973.
Fromm Erich. *L'Art d'aimer*. Paris, Editions de l'Epi, 1983.
Fuller Buckminster. *I Seem to Be a Verb*. New York, Bantam, 1970.
Kaufman Walter. *Exsitentialism from Dostoevsky to Sartre*. Cleveland (Ohio), World, 1956.
Sartre Jean-Paul. *L'Etre et le Néant*. Paris, Gallimard, 1976.

Psychobiologie
Eccles J.C. *Facing Reality*. New York, Springer Verlag, 1970.
Lashley K.S. *The Neuropsychology of Lashley*. New York, McGraw-Hill, 1960.

Psychologie
Assagioli Roberto. *Psychosynthèse, principes et techniques*. Paris, Ed. de l'Epi, 1983.
Auerswald Edgar. « Thinking About Thinking About Mental Health », *American Handbook of Psychiatry*. New York, Basic Books, vol. II, 2e édition, ed. Gerald Caplans, 1974.
Barron Frank. *The Shaping of Personality : Conflict, Choice and Growth*. New York, Harper & Row, 1979.
Baumgardner Patricia. *Legacy from Fritz*. Palo Alto, Science and Behavior Books, 1975.
Bentov Itzhak. *Stalking the Wild Pendulum : On the Mechanics of Consciousness*. New York, Bantam Books, 1977.
Berelson Bernard et Gary Steiner. *Human Behavior : An Inventory of Scientific Findings*. New York, Harcourt Brace and World, 1964.
Bialer I. « Conceptualization of Success and Failure in Mentally Retarded and Normal Children » *Journal of Personality*. Vol. 29, 1961.
Brown Judith R. *Back to the Beanstalk*, La Jolla (CA), Psychology and Consulting Associates Press, 1979.
Crandall V.C., W. Katkovsky et V.J. Crandall « Children's Belief in Their Control of Reinforcement in Intellectual Academic Achievement Situations », *Child Development*. Vol. 36, 1965.
Dement William. *Dormir, rêver*. Paris, Le Seuil, 1981.

Downing Jack. *Gestalt Awareness : Papers from the San Francisco Gestalt Institute*. New York, Harper & Row, 1976.

Downing Jack et Robert Marmorstein. *Dreams and Nightmares*. NewYork, Harper & Row, 1973.

Enright John. *Enlightening Gestalt : Waking Up from the Nightmare*. Mill Valley (CA), Pro Telos, 1980.

Fagan Joen et Irma Shepherd. *Gestalt Therapy Now*. New York, Harper Colophon Books, 1970.

Freud Sigmund. « Au-delà du principe du plaisir », *Essais de psychanalyse*. Paris, Payot, Petite Bibliothèque Payot n° 44, 1983.

Freud Sigmund. *Malaise dans la civilisation*. Paris, PUF, 1983.

Freud Sigmund. « Le Moi et le Ça », *Essais de psychanalyse*. Paris, Payot, Petite Bibliothèque Payot n° 44, 1983.

Freud Sigmund. *L'avenir d'une illusion*. Paris, PUF, 6e édition, 1983.

Freud Sigmund. « Psychologie collective et analyse du moi », *Essais de psychanalyse*. Paris, Payot, Petite Bibliothèque Payot n° 44, 1983.

Freud Sigmund. *Moïse et le monothéisme*. Paris, Gallimard, 1971.

Freud Sigmund. *Nouvelles conférences d'introduction à la psychanalyse*. Paris, Gallimard, 1984.

Freud Sigmund. *Le Rêve et son interprétation*. Paris, Gallimard, 1985.

Freud Sigmund. *An Outline of Psycho-Analysis*. New York, W.W. Norton, 1949.

Freud Sigmund. *La Question de l'analyse profonde*. Paris, Gallimard, 1985.

Freud Sigmund. *Totem et Tabou*. Paris, Payot, Petite Bibliothèque Payot n° 77, 1983.

Gaines Jack. *Fritz Perls Here and Now*. Millbrae (CA) Celestial Arts, 1979.

Hampden-Turner Charles. *Map of the Mind*. New York, Macmillan, 1981.

Huxley Laura Archera. *You Are Not the Target*. North Hollywood (CA), Wilshire Book Co, 1972.

Janov Arthur. *Le cri primal*. Paris, Flammarion, 1978.

Jones Ernest. *Papers on Psycho-Analysis*. Londres, Bailliere, Tindall and Cox, 1950.

Jung C.G. *Métamorphoses de l'âme et ses symboles*. Paris, Albin Michel, 1953.

Jung C.G. *L'Homme à la découverte de son âme*. Paris, Payot, Petite Bibliothèque Payot n°53, 1983..

Jung C.G. *The Portable Jung*. New York, Penguin, 1976.

Jung C.G. *Psyche and Symbol*. Garden City, Anchor Books/Doubleday, 1958.

Jung C.G. *The Undiscovered Self*. New York, New American Library, 1957.

Klein Melanie, P. Herman et R.E. Money-Kyrle. *New Horizons in Psycho-Analysis*. New York Basic Books, 1955.

Laborde Genie Z. « Comparing Certain Theories and Therapies

of Freud and Perls », *The Gestalt Journal*. Printemps 1979.
Laborde Genie Z. *An Exploration into the Practicability of Using Confluent Approaches in Increasing Awareness of Introjects*. Thèse de doctorat, University of California, Santa Barbara.
Laborde Genie Z. et George I. Brown. « Introjects and Their Relationship to Locus of Control », *Integrative Therapie*. Janvier 1981.
Laing R.D. *Le Moi divisé*. Paris, Stock, 1979.
Laing R.D. *La Politique de l'expérience*. Paris, Stock, 1980.
Laing R.D. *Soi et les autres*. Paris, Gallimard, 1980.
Laing R.D. et A. Esterson. *L'équilibre mental, la folie et la famille*. Paris, François Maspero, 1971.
Lawrence D.H. *Psychoanalysis and the Unconscious : Fantasia of the Unconscious*. New York, Viking, 1921.
Lichtenstein E. et W. Craine. « The Importance of Subjective Evaluation of Reinforcement in Verbal Conditioning », *Journal of Experimental Research in Personality*. Vol.3, 1969.
Lilly John C. *Programming and Metaprogramming in the Human Biocomputer*. New York, Bantam, 1972.
Maslow Abraham. *Vers une psychologie de l'être*. Paris, Fayard, 1972.
McClain E.W. et H.B. Andrews. « Self-Actualization among Extremely Superior Students », *Journal of College Student Personnel*. 1972.
Meissner W.W. « Notes on Identification III : The Concept of Identification », *Psycho-Analytic Quarterly*. Vol.41, 1972.
Menninger Karl. *A Psychiatrist's World*. New York, Knopf, 1937.
Menninger Karl. *The Human Mind*. New York, Knopf, 1937.
Milgram Stanley. « Behavioral Study of Obedience », *Journal of Abnormal and Social Psychology*. Vol. 67, n° 4, 1963.
Milgram Stanley. « Some Conditions of Obedience and Disobedience to Authority », *Human Relations*. Vol.18, 1965.
Moustakas Clark E. *Loneliness and Love*. Englewood Cliffs, Prentice-Hall, 1972.
Ornstein Robert E. *The Nature of Human Consciousness*. New York, Viking, 1974.
Perls Frederick. *Le moi, la faim et l'agression*. Paris, Tchou, 1979.
Perls Frederick. *The Gestalt Approach and Eye-Witness to Therapy*. Palo Alto, Science and Behavior Books, 1973.
Perls Frederick. *Gestalt Therapy Verbatim*. Toronto, Bantam, 1971.
Perls Frederick. *Ma Gestalt-thérapie : une poubelle vue du dehors et du dedans*. Paris, Tchou, 1976.
Piaget Jean. *Psychologie de l'intelligence*. Paris, Armand Colin, 1981.
Polster Erving et Miriam. *Gestalt Therapy Integrated*. New York, Vintage Books, 1973.
Shepard Martin. *Le Père de la Gestalt. Dans l'intimité de Fritz Perls*. Montréal, Stance, 1980.
Stafford-Clark David. *Ce que Freud a vraiment dit*. Paris, Stock, 1967.

Stoller Frederick H. *Encounter.* San Francisco, Jossey Bass, 1970.
Wilber Ken. *The Spectrum of Consciousness.* Wheaton (Illinois), Theosophical Publishing, 1977.
Wolman Benjamin. *The Handbook of Clinical Psychology*, New York, McGraw-Hill, 1965.

Sociologie
Berger Peter et Thomas Luckmann. *The Social Construction of Reality.* New York, Grove Press, 1966.
Campbell Joseph. *The Hero with a Thousand Faces.* Princeton, Princeton University Press, 1972.
Gottesfield H. et G. Dozier. « Changes in Feelings of Powerlessness in a Community Action Program », *Psychological Reports.* Vol. 24, n°1, 1963.
Hampden-Turner Charles. *Radical Man : The Process of Psycho-Social Development.* Garden City (New York), Anchor Books, 1971.
Hollingshead A.B. *Elmstown's Youth : The Impact of Social Classes on Adolescents.* New York, Wiley, 1949.
Kahl Joseph. *The American Class Structure.* New York, Rinehart and Company, 1953.
Katz I. « The Socialization of Academic Motivation in Minority Group Children », *Nebraska Symposium on Motivation.* Lincoln, University of Nebraska Press, 1967.
Kohn Melvin. *Class and Conformity.* Homewood (Illinois), The Dorsey Press, 1969.
Kuhn Thomas S. *La structure des révolutions scientifiques.* Paris, Flammarion, 1983.
Leonard George. *The Transformation.* New York, Delacorte, 1972.
Liebow Elliot. *Talley's Corner.* Boston, Little Brown, 1967.
McLuhan Marshall et Quentin Fiore. *Message et massage.* Paris, J.-J. Pauvert, 1968.
Meadows Donelia et al. *The Limits of Growth.* New York, Universe Books, 1972.
Pearce Joseph Chilton. *Exploring the Crack in the Cosmic Egg.* New York, The Julian Press, 1974.
Thompson, William I. *At the Edge of History.* New York, Harper & Row, 1972.
Wilber Ken. *Up from Eden.* Garden City, Anchor Press/Doubleday, 1981.

Théorie des systèmes
Bertalanffy Ludwig Von. *Des robots, des esprits et des hommes. La psychologie dans le monde moderne.* Paris, ESF, 1973.
Maltz Maxwell. *Psycho-cybernétique.* La Ferrière-sur-Risle, Godefroy, 1979.
Satir Virginia. *Peoplemaking.* Palo Alto, Science and Behavior Books, 1972.

Remerciements

Merci, Bruce Dillman. Sans vous, ce livre n'aurait pas été achevé.

Merci, John Grinder. Vous m'avez enseigné des compétences utiles et m'en avez rappelé d'autres que j'avais oubliées.

Merci, Brian Van der Horst, d'avoir été là quand j'avais besoin de vous.

Merci, Bob Hill, de m'avoir encouragée à continuer.

Merci, Lue McEwan, vous qui êtes un inconditionnel de l'excellence en matière artistique.

Merci à tous les participants de mes séminaires, qui m'enseignent invariablement quelque chose de nouveau dans le domaine de la communication.

Index

A
ABC des objectifs, 19, 119, 176
Accord conditionnel, au cours d'une vente, 152
Acuité sensorielle, 81-92, 135, 136
— entraînement à, 82, 83
— bénéfices de, 36, 92
— utilisation au cours d'une réunion, 124
— en tant que guide pour le changement, 52, 92
Adaptation des objectifs, 33, 34, 35, 92, 112, 153, 160, 168, 187, 198, 200
Ancrage, 146, 147
Appartenance (voir Besoins humains), 166, 168, 172
Attitudes corporelles :
— synchronisation sur, 42, 46
— modifications, 82, 83
Auditif (mode), 64
— interne/externe, 66
— caractéristiques, 64, 71
Augmenter la part de gâteau, 164

B
Bandler Richard, 11, 96
Besoins humains, 166, 168, 172
Brainstorming, 130
Buts, 19, 22, 31

C

Calibration, 85, 87
CASTORS, 149
Cause à effet, déconnecter, 182
Cérébral (caractéristique du mode), 72, 73
Cerveau (fonctions du), 55-57
CHANGER LA REALITE, 162, 167, 199, 201
Choix, augmentation du, 141, 187
Chomsky Noam, 96, 131
Coder, Codifier (voir Modèle de la réalité), 57, 59, 63, 75
Comme Si (technique du), 150, 152-153
Communication, 55, 81
— processus de, 16, 82, 95
— contenu de, 95
— rôle du comportement dans, 133-135
— en tant que système rétroactif, 135-136
— flexibilité au cours de, 135-137
Communiquer en groupe (voir réunions), 117
Comparatifs, 111
Compétence, confiance dans la, 40, 41, 47
Comportement, en tant qu'élément de communication, 118, 133-134
— flexible, 133, 135-136
— habituel, 137
— s'identifier à, 137-138
— comportement agressif : comment l'adoucir, 36
Conduire, 148
Confiance, 47
— établir, 40, 42
Congruence, 17, 124, 132, 189-190
Conséquences négatives (leur utilisation en négociation), 177
Contexte, influence sur la perception du, 64, 65, 73
Contre-exemple, 180
Couleurs de la peau, modifications, 84, 85
Crédibilité, 41, 47
Critères (voir Echelle des critères), 165, 172

D

Déplacements de paradigmes, 162
Digressions, les traquer au cours d'une réunion, 126
Distorsion, 53, 57

E

Echelle des critères, 165, 172
Echelle des valeurs, 165, 168, 171
Effectuer une généralisation/réduction, 14, 162, 163
Equivalents, 184
Etat de ressource, 28, 146-147
Etat optimum (voir Etat de ressource), 147

Evaluer l'acheteur, 148
Expliquer la tâche — critère de succès d'une réunion, 122

F
Feedback, 134, 136
Flexibilité, 16, 133, 144
    — des objectifs, 144
    — obstacles à, 137
    — inconvénients de, 140
    — avantages de, 140-141
    — exercices pour parvenir à, 142-143

G
Gagner les participants aux objectifs, 123
Généralisations, 53, 57, 107-110
Goût, sens du, 64, 65
Grinder John, 96, 106, 133
Gustatif, 63, 65

I
Identité (voir Besoins humains), 166, 168
Imaginaire, utilisation au cours d'une vente, 150
Incongruence, 27, 124, 190-191
Inconscient, 61, 62, 64
    — réactions visibles inconscientes, 84
Influencer positivement, 200, 203
Informations sensorielles, 22, 28, 82
    — nature positive des, 23
    — utilisation pour évaluer le succès d'une réunion, 119, 122
    — vérifier ses objectifs avec, 22, 23, 144
    — leur utilisation pour créer un état de ressource, 146, 147
    — leur utilisation au cours d'une vente, 148, 151, 152
    — se synchroniser sur celles d'autrui, 183
Intégrité, 196, 197, 201, 202
Introjection, 176
Intuition, 62, 81

J
Jeu de rôles, 184, 189, 190

K
Kinesthésique (mode), 23, 64
    — interne/externe, 66
    — caractéristiques du, 64, 72
Korzybski Alfred, 58, 95-96

L
Langages :
    — individuels, 144
    — décalages de, 59

Lèvre inféfieure, 89
   — modifications de, 86
   — photographies, Encart hors-texte

M
Malentendus, 114, 135
Manipulation, 33, 68, 197, 200-202
Méta-modèle, 96, 106
Métaphores (leur utilisation en négociation), 177, 179
Mirroring (voir Synchronisation), 41
Modèle de la réalité, 57-60, 75, 162, 178, 198
   — étendre le, 162, 187
Modifications, changements (interprétation), 83
Motivation, intention, 159, 160, 166, 184-185, 162
Mots connotés et mots dénotés, 24
Mouvements oculaires, 68
   — des visuels, 70
   — des auditifs, 71
   — des kinesthésiques, 72
   — des cérébraux, 73
   — et images, 69, 70
   — photographies, Encart hors-texte

N
Négociation, 157-187
   — objectifs de, 157, 187
   — bloquée, 162
   — techniques de, 160
Noms imprécis, 98

O
Objectifs, 17, 19-36, 58, 118, 119, 157, 190, 192
   — ABC des, 19-20, 26, 119
   — préciser, 20, 27, 28
   — adapter, 33-35, 36, 112, 146,153, 162, 168, 190, 198, 199
   — à court et à long terme, 35-36
   — utilisation des pointeurs pour atteindre ses objectifs, 111, 112
   — présentation au cours d'une réunion, 122-124
   — et flexibilité, 136, 144
   — bloqués, 137
   — des clients, 145
   — cachés, 175
   — déguisés en métaphores, 180
   — redéfinition des, 181
   — confrontation avec un objectif inacceptable, 199
   — positifs, 23, 27, 28, 31
Objections : comment les gérer au cours d'une vente, 154
Obligations, en tant que limitations, 104-105
Odorat, sens de, 64

Olfactif, 63, 64, 65
Opérateurs modaux, 104, 110
Ordres du jour cachés, 124, 127

P

PEGASUS et les techniques de réunion, 118, 122-128, 130
Perception, 55, 57
    — portes de (voir Systèmes de représentation), 61
Pointeurs, 95-112, 119, 136, 198
    — leur utilisation au cours d'une vente, 149
Prévisions (voir Technique du Comme Si), 150-151
Principe des deux tiers, 119
Principes de tri (voir Echelle des critères), 172
Priorités (voir Echelle des valeurs), 165, 166
Processus de la pensée consciente, 65
Processus de pensée, 53, 55, 75
Prochaine étape (de la vente), 154

R

Rapport, 36, 39-51, 198, 199
    — vérifier, 47
    — établir, 39, 40, 42-45, 119
    — rompre, 48
    — au cours d'une réunion, 118, 121, 128
    — au cours d'une vente, 154
    — au cours d'une négociation, 183
    — maintenir, 46
    — photographies, Encart hors-texte
Réactions opposées, 137
Regrets de l'acheteur, 154, 202-203
Remords, récriminations, ressentiments, revanche (voir Les quatre R), 34, 146, 149, 202-203
    Respiration, 27, 63
    — synchronisation sur, 42, 43-44, 48
    — modifications, 84, 87
    — et systèmes de représentation, 70-72
Résumer, 125
    — les décisions importantes d'une réunion, 125
    — la prochaine étape d'une réunion, 154
Rétroaction (voir Feedback), 134, 136
Réunions, 117-130
    — buts de, 117
    — techniques syntoniques : PEGASUS, 118, 122-128, 130
    — environnement de, 119
    — principe des deux tiers, 119
    — établir le rapport au cours de, 121
    — s'emparer de, 128-129
Rôle du pouvoir, 200
R, les quatre, 34, 146, 149
Rythme d'un mouvement (synchronisation sur), 44

S

Se mettre à la place de l'autre, 183
Sélection, 53, 57
Souvenir, revivre, 66, 146-147
Stimulus-réponse, 142, 146
Structure du magique, 96
Sub-personnalités, 191, 192-195
Synchronisation, 41, 148, 183
— sur la voix, 42
— sur la respiration, 43
— sur un geste, 44
— sur les attitudes corporelles, 46
— sur les systèmes de représentation, 74-77
— synchronisation croisée, 44
Syntonie :
— apprendre par, 97
— techniques de réunion syntoniques (voir PEGASUS), 118, 122-128
— modèle syntonique, 16, 131
— techniques de vente syntoniques, 145-155
Systèmes de croyance, 165, 166
Systèmes de représentation, 63-73, 119
— et mouvements oculaires, 68-72
— visuel, 67, 69
— auditif, 67, 71
— kinesthésique, 67, 72
— synchronisation sur, 74-77
— catégories de, 64
— vocabulaire propre à, 76
— photographies, Encart hors-texte

T

Techniques de ventes, 145-155
Temps :
— perceptions personnelles du, 185-186
— utilisation au cours d'une négociation, 158, 174

V

Valeurs (voir Echelle des valeurs), 165, 169
Verbes imprécis, 103
Visuel (mode), 63
— interne/externe, 66
— caractéristiques du, 69, 70
Vocabulaire, mots, 57
— choix de, 63
— connotés et dénotés, 24
— en tant que contenu de la communication, 95
— en tant que symboles de l'expérience, 57-59
— et systèmes de représentation, 68, 70, 77
— sensoriels, 35

Voir/entendre/ressentir : questions, 33, 144
— technique, 150
Voix :
— synchronisation sur, 42-43
— incongruence dans, 27

Achevé d'imprimer
sur les presses de l'imprimerie
Arts Graphiques du Perche
28240 Meaucé
Dépôt légal Mai 1991
Imprimé en France